GLADIATOR

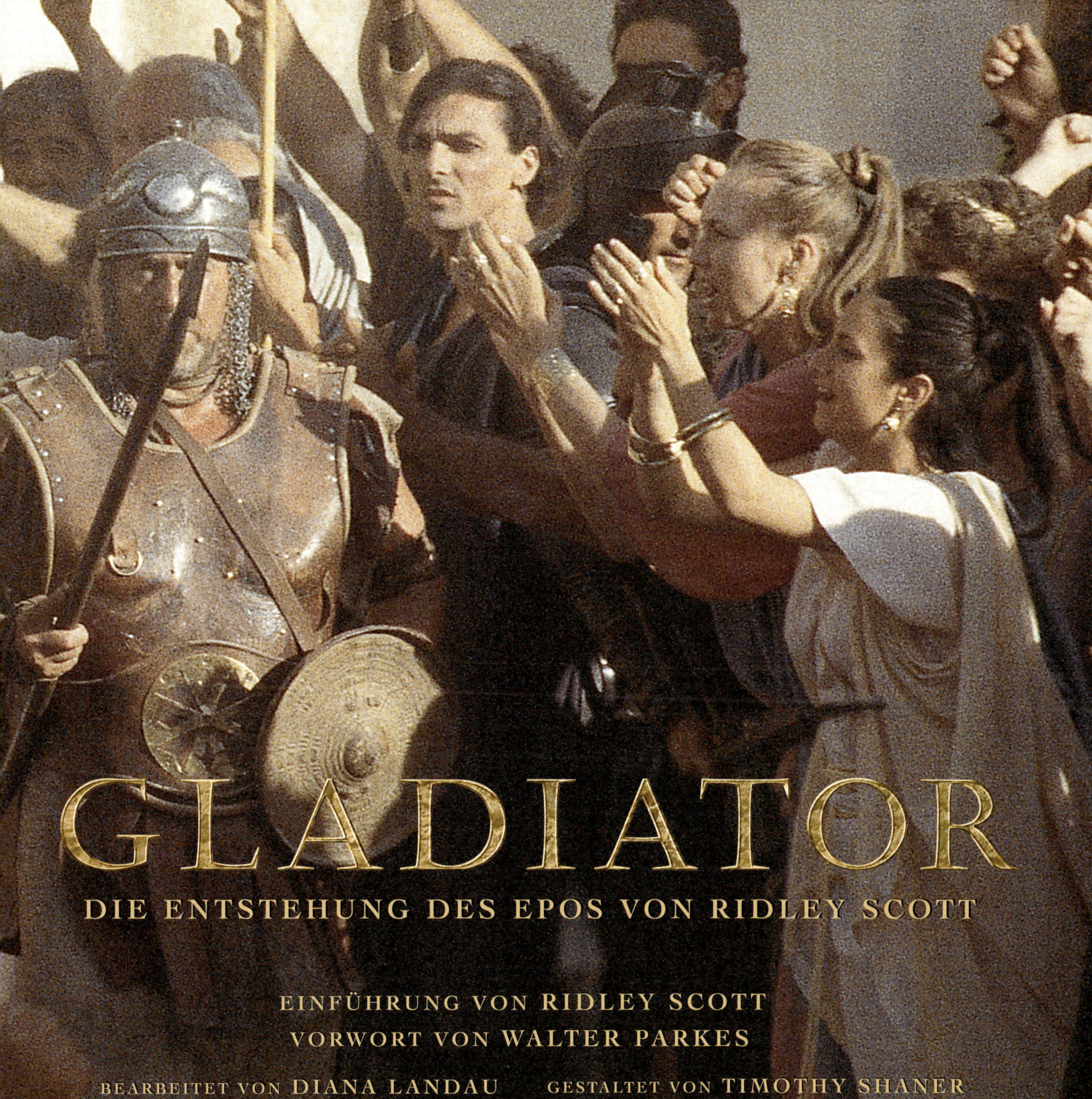

GLADIATOR

DIE ENTSTEHUNG DES EPOS VON RIDLEY SCOTT

EINFÜHRUNG VON RIDLEY SCOTT
VORWORT VON WALTER PARKES

BEARBEITET VON DIANA LANDAU   GESTALTET VON TIMOTHY SHANER
MIT BEITRÄGEN VON SHARON BLACK

DreamWorks

BSV
Burgschmiet Verlag

Die Deutsche Bibliothek – CIP-Einheitsaufnahme
Ein Titelsatz für diese Publikation ist bei der Deutschen Bibliothek erhältlich.

Originaltitel der amerikanischen Ausgabe:
Gladiator – The making of the Ridley Scott Epic
Veröffentlicht bei Newmarket Press, New York

Dieses Werk wurde vermittelt durch die Literarische Agentur
Thomas Schlück GmbH, 30827 Garbsen.

Seite 1: Maske von Tigris von Gallien, gezeichnet von Sylvain Despretz.
Seiten 12 und 116: Zeichnungen aus Eröffnungsszenen von Produktions-Illustrator Denis Rich.

Angaben zum Abdruck des Bildmaterials
sind auf Seite 160 zu finden.

Teile des Texts wurden Anmerkungen von Sharon Black zur Produktion des Films *Gladiator* und
Artikeln von Joe Fordham entnommen, die in *VFXpro* erschienen sind, einer Online Publikation
von Creative Planet Inc.

ISBN 3-933731-71-2 – 1. Auflage 2001
Copyright © der deutschen Ausgabe
Burgschmiet Verlag GmbH
Burgschmietstr. 2–4, 90419 Nürnberg
Alle Rechte vorbehalten.

Aus dem Englischen von Hildegard Seebold
Covergestaltung: Katharina Hitz
Satz: Reiner Swientek Fotosatz

INHALT

VON RIDLEY SCOTT

Als mir Walter Parkes und Doug Wick eine Reproduktion des Gemäldes *Pollice Verso* („Daumen nach unten") von Jean-Léon Gérôme zeigten, empfand ich es als perfekte Wiedergabe einer Szene römischen Lebens. Alles stimmte: Proportionen, Architektur, Licht und Schatten. „Sind die Sandalenfilme nicht vor 40 Jahren ausgestorben?" Wie faszinierend, diese Welt wieder aufleben zu lassen! Ich hatte Feuer gefangen.

Wir leben in einer Zeit, in der wir alles bisher Dagewesene erneut überprüfen und uns wieder mit klassischen Themen beschäftigen. Das Römische Reich hat Geschichtenerzähler von Shakespeare bis Stanley Kubrick interessiert. Die Römer brachten uns Literatur, Technik, Kunst, Architektur und Rechtsstaatlichkeit. Überall, wohin sie kamen, bauten sie. Ihre Armeen waren einerseits Steinmetze und andererseits Krieger. Überall in Europa und im ganzen Mittelmeerraum haben sie ihre Spuren hinterlassen. Wie konnte eine kulturell so hoch entwickelte Zivilisation außerdem dieses barbarische Vermächtnis der Gladiatorenspiele hinterlassen? Wir wollten diese Zeit wieder auf-

*„Ich liebe es, Welten zu erschaffen,
und jede Facette dieser Welt muss
in das Gesamtbild der Filmhandlung
passen. Man muss das Schlachtfeld
riechen können und die Schönheit
und das Licht der goldenen Stadt
vor sich sehen. Der Film sollte
einen so in diese Welt hineinziehen,
dass man sich in das Jahr 175 n. Chr.
zurückversetzt fühlt."*

– RIDLEY SCOTT –

leben lassen, ohne eine Geschichtsstunde daraus zu machen und die historischen Figuren so interpretieren, dass sie von einem heutigen Publikum verstanden werden. Die Theatralik, mit der solch ein Stoff vor 40 Jahren verfilmt worden wäre, würde heutzutage nicht mehr passen.

Handlung und Figuren sind die beiden wichtigsten Elemente eines jeden Films. Ich wollte an die Figuren ganz nah herankommen und echte Menschen mit echten Problemen zeigen.

Um einer Geschichte Tiefe und Substanz zu verleihen, ist es entscheidend, gute Schauspieler zu finden, und Russell Crowe ließ uns wirklich an Maximus glauben und an die Entwicklung eines Helden. Genauso überzeugend in ihren Rollen waren Joaquin Phoenix als der in seinen Gefühlen verletzte Commodus, Connie

BILD LINKS: Ridley Scott am Eingang zu Proximos' Gladiatorenlager am Rom-Drehort (Malta).
BILD OBEN: Kameraleute des *Gladiator*-Teams nehmen vom Kran aus Prätorianer auf, die über das Forum Romanum gehen.

Nielsen als Lucilla, der verstorbene Oliver Reed in der Rolle des Proximo, Richard Harris als Marcus Aurelius und Derek Jacobi als Gracchus.

Ich liebe es, Welten zu erschaffen, und jede Facette dieser Welt muss in das Gesamtbild der Filmhandlung passen. Man muss das Schlachtfeld riechen können und die Schönheit und das Licht der goldenen Stadt vor sich sehen. Der Film sollte einen so in diese Welt hineinziehen, dass man sich in das Jahr 175 n. Chr. zurückversetzt fühlt.

Unweigerlich wird man Vergleiche ziehen zwischen Sport und Kino auf der einen und den Römern mit ihren Arena-Spektakeln auf der anderen Seite. Massenunterhaltung verschafft einem die lebensnahe Erfahrung von Dingen, die man nicht bekommen oder nicht tun kann. „Wirklichkeitsflucht" ist hierfür ein Wort, das unschöne Assoziationen weckt, ich sage lieber, jemand „ist entrückt", „schwebt in höheren Sphären" oder „hat eine Fantasiereise unternommen"! Der Film zeigt die Gladiatorenspiele aus unterschiedlichen Perspektiven, er veranschaulicht ihre Popularität und ihre

Grausamkeit, er macht jedoch auch die politischen Motive, die hinter den Spielen stehen, deutlich.

Was die Produktion betrifft, hatte ich das Glück, dass mir einige der besten Leute aus der Branche zur Seite standen und mir halfen, das Römische Reich so wiedererstehen zu lassen, wie ich es mir vorgestellt hatte. Meine Kollegen aus den Bereichen Produktionsdesign, Filmtechnik, Schnitt, Musik, Kostüme, Stunts und Effekte haben sich selbst übertroffen. Wie Tribun Maximus hätte auch ich die Reise nicht alleine machen können. Ich kann mich erinnern, dass ich gegen Ende der Nachbearbeitung des Films einmal zu Walter und Doug sagte, dass ich mich so fühlte, als hätten wir Rom erbaut und alle Schlachten geschlagen, von der Donau bis Nordafrika und wieder zurück nach Rom.

Wie Rom ist auch unser Film selbstverständlich nicht an einem Tag entstanden.

VORWORT

VON WALTER PARKES

Manchmal entsteht die Grundlage für einen großen Film in einem kleinen, aber wichtigen Moment.

Wir warteten in dem modernen Büroverlies, das mit marokkanischen Antiquitäten vollgestopft war. Nachdem wir fast ein Jahr an dem Drehbuch gearbeitet hatten, wollten der Produzent Doug Wick und ich jetzt Ridley Scott bitten, die Regie des Films *Gladiator* zu übernehmen. Wir hatten David Franzonis zweiten Entwurf des Drehbuchs dabei und eine farbige Reproduktion eines französischen Gemäldes aus dem neunzehnten Jahrhundert. Nach ein paar Minuten wurden wir in Ridleys Büro geführt, wo ich sofort eine Diskussion über die weiteren Änderungen des Manuskripts begann, die wir vorgesehen hatten. Während ich sprach, beobachtete ich jedoch, dass Ridleys Augen immer wieder zu dem Bild zurückwanderten.

Das Gemälde *Pollice Verso* von Jean-Léon Gérôme hält den entscheidenden Moment eines Kampfs im Kolosseum fest: Ein Gladiator, dessen Gesicht von einem unglaublich großen Helm verdeckt wird, steht über seinem Gegner und sieht zum Imperator hin, um dessen endgültiges Urteil zu erfahren. Dieses Motiv ist ja nun hinlänglich bekannt, seine Bearbeitung ist es jedoch nicht. Gérôme zeigt das antike Rom in den Farben und der Stilisierung seiner eigenen Imagination und seiner Zeit. Hier ist nichts von dem grellen Licht der südlichen Länder zu sehen, stattdessen umspielen tiefe Schatten die Szenerie. Türkische und persische Teppiche machen die wuchtigen Steinkanten des Kolosseums weicher. Und Gérôme zufolge trugen die römischen Frauen gerne durchscheinende Gewänder in reichen Schattierungen und weniger diese makellos weißen oder safranfarbenen Roben, die wir von den Bildern auf der Töpferware kennen, die aus römischer Zeit stammt.

Einfach ausgedrückt, ist das Bild eine Geschichtsinterpretation eines außergewöhnlichen Künstlers seiner Zeit – genau wie der Film *Gladiator*. Das von Ridley Scott erschaffene Rom war selbstverständlich sorgfältig recherchiert, aber es war auch erdacht. Von den faschistisch anmutenden Rüstungen der Prätorianergarde über die fliegende Mähne eines jeden Pferdes (eine frühe Regieanweisung schrieb vor, dass die Mähnen nicht gestutzt werden durften) bis hin zu den Rosenblättern, die während des Endkampfes den Arenaboden bedeckten, wird Ridleys Handschrift aus jedem Einzelbild sichtbar. Dennoch war die visuelle Ausstattung kein Selbstzweck; all diese Detailbesessenheit diente im Endeffekt wichtigeren Werten, nämlich der Geschichte, dem Thema und den Figuren. Und trotz seiner Ausmaße – Aufnahmen in drei Kontinenten, hunderte von Mitarbeitern, für bestimmte Szenen tausende von Statisten – ist *Gladiator* eine intime Geschichte, die auf sehr menschliche Art und Weise erzählt wird. Der Film ist das Werk eines wahren Künstlers, der sich auf dem Höhepunkt seines Schaffens befindet.

Als ich mit meinen Ausführungen am Ende war, zeigte Ridley nur in Richtung des Bildes und meinte: „Das kriege ich hin."

Und das hat er.

BILD OBEN: Laurie MacDonald und Walter Parkes, die Produzenten von *Gladiator*.

DER AUFBAU DES RÖMISCHEN REICHES

DIE ENTSTEHUNG DES FILMS

„DIE SPIELE MÖGEN BEGINNEN!"

Im Jahr 1996 war die Fantasie der Filmindustrie auf die Zukunft ausgerichtet. Die dramatischen Fortschritte, die in den zehn Jahren zuvor im Bereich der digitalen Spezialeffekte gemacht worden waren, gaben Filmemachern die Möglichkeit, Actionfilme herzustellen, die unglaublich detailliert und vielseitig Science-Fiction-Visionen und übernatürliche Fantasien darstellten. Es wurden massenhaft Filme über Weltraumerkundungen, Außerirdische, die die Erde angreifen, oder Katastrophen, die aus dem All auf uns zurasen, gedreht und gezeigt. Die himmlische Vision, den Kassenknüller des Sommers zu landen, kreiste seit den Erfolgen von *Star Wars* um interplanetare Schlachten und coole futuristische Waffenarsenale.

Während sich andere Kinokünstler ausmalten, was in der Zukunft liegt, kam der Drehbuchautor David Franzoni zu DreamWorks SKG mit einer Geschichte über Gladiatoren im Alten Rom – eine Welt, die seit den frühen Sechzigern mehr oder weniger von der Leinwand verschwunden ist, untergegangen unter der Last römischer Togen, zerschmetterter Streitwagen und Kleopatras Lidstrich. Franzonis Geschichte sollte nicht im glitzernden Reich ferner Galaxien spielen, sondern in den Steinarenen und -palästen einer zerbröckelnden Zivilisation. Sie würde sich nicht um Helden des 23. Jahrhunderts drehen, die Raumschiffe steuern und mit Laserwaffen fuchteln, sondern um längst verstorbene und vergessene Sklaven, die im blutigen Staub mit Kurzschwert und Dolch um ihr Leben kämpften.

Franzoni hatte seine Fähigkeit, die Vergangenheit anschaulich zum Leben zu erwecken, bereits ein paar Jahre zuvor bewiesen, als er für DreamWorks die Saga *Amistad* schrieb, bei deren Verfilmung Steven Spielberg die Regie führte. Für den HBO-Film *Citizen Cohn,* in dem James Woods die Hauptrolle spielte, bearbeitete Franzoni eine spätere Zeitperiode. Für dieses Drehbuch erhielt er 1992 den George Foster Peabody Award, den Cable ACE Award und 1993 den Pen West Literary Award. Deshalb stieß seine Vorstellung von Gladiatoren auf größtes Interesse bei den Produzenten Walter Parkes und Laurie MacDonald von Dream Works und Douglas Wick von Red Wagon Films.

Wick berichtet: „David hatte die Idee, eine Geschichte umzusetzen, die im Alten Rom in der Arena spielt, wo sich das Epizentrum der damaligen Kultur befand. Sobald wir angefangen hatten, uns mit dieser Zeit zu befassen, wurde uns klar, dass die Arena ein perfektes Guckloch in diese Welt darstellt. Sie brachte alle Schichten der römischen Gesellschaft zusammen, vom Imperator über die Senatoren und Aristokraten bis hin zum einfachen Volk und den Sklaven. Die besten Köpfe dieser Zeit wurden beauftragt, Arenen zu bauen, die ganze Zusatzmaschinerie, die benötigt wurde, zu entwerfen und all die Tiere herbeizuschaffen und zu beaufsichtigen. Die Arena hatte eine so hohe Priorität in dieser Kultur, dass sie zum Auslöser für diverse spektakuläre Entwicklungen in der Technik, der Kanalisation, der Metallverarbeitung und so weiter wurde.

Und wir realisierten, dass sie eine große Relevanz für die heutige Zeit hat. Alles drehte sich um Theater und Ablenkung – eine Möglichkeit, das Volk zu kontrollieren."

DreamWorks war von Anfang an als aktiver Partner an dem Projekt beteiligt. Parkes arbeitete mit Wick und Franzoni an der Entwicklung der Filmhandlung. Als sich ihnen die Vielfalt der antiken Welt und das Drama der Arena während ihrer Recherche immer deutlicher darbot, verfestigte sich ihre Überzeugung, dass der Stoff die Macht hat, „Zuschauer überall auf der Welt in eine erstaunliche, fremde Welt zu locken", wie sich Wick ausdrückte.

> *„Sobald wir angefangen hatten, uns mit dieser Zeit zu befassen, wurde uns klar, dass die Arena ein perfektes Guckloch in diese Welt darstellt... Alles drehte sich um Theater und Ablenkung – eine Möglichkeit, das Volk zu kontrollieren."*
>
> — Produzent Douglas Wick —

„Seit 30 Jahren hat niemand mehr so ein Schauspiel veranstaltet", erklärt Wick. „Das war eine Gelegenheit, die seit langem keiner mehr ergriffen hatte. Wir hatten das Gefühl, dass die Zuschauer genug hatten von den Science-Fiction-Filmen. Und Rom wieder aufleben zu lassen bedeutete, ihnen ein außergewöhnliches Schauspiel, außergewöhnliche Action zu bieten, die jedoch auf einer menschlichen Realität basierte. Und dank der neuen technischen Möglichkeiten konnten wir ihnen eine viel realistischere Version zeigen, als sie sie jemals zuvor gesehen hatten."

ÜBER DIE TOGA HINAUSWACHSEN

Die Filmindustrie hat schon seit langen Jahren ein Liebesverhältnis mit der Antike und besonders mit dem Römischen Reich. Von D. W. Griffiths *Intoleranz* bis hin zu Monty Pythons *Das Leben des Brian* haben die Vorstellungen von imperialem Pomp und Prunk vielfältige Formen angenommen. Henry Kosters *Das Gewand* und Cecil B. DeMilles *Die Zehn Gebote* interpretierten die Geschichte aus jüdisch-christlicher Sicht. Fellinis *Satyricon* konzentrierte sich auf Roms sinnenfrohe Dekadenz während seines Niedergangs. Diverse mitreißende Monumental-filme der fünfziger und sechziger Jahre – wie zum Beispiel *Quo Vadis?*, *Ben Hur* und *Spartacus* – verließen sich auf Action, Drama und die besten Spezialeffekte, die zu der Zeit möglich waren.

Einige dieser Versuche waren Kassenschlager und wurden sogar von der Kritik gelobt, hauptsächlich Stanley Kubricks *Spartacus* (1950), die bewegende Geschichte eines thrakischen Sklaven (gespielt von Kirk Douglas), der 71 v. Chr. einen kurzzeitig erfolgreichen Aufstand gegen die römischen Streitkräfte anführte. Die atemberaubenden Kampfszenen, die fantastische Filmtechnik und die glänzende schauspielerische Leistung der legendären britischen Akteure Laurence Olivier, Charles Laughton und Peter Ustinov gehören zu den Glanzpunkten dieses Films. Auch Ridley Scott fühlte sich bei seiner Arbeit an *Gladiator* Stanley Kubrick sehr verpflichtet, vor allem wegen dessen Sorgfalt, welche er für die Ausarbeitung jedes Filmmoments aufgewendet hatte. „Kubrick nahm immer alles sehr genau, er arbeitete sehr gewissenhaft", so Ridley Scott.

Andere Geschichten aus der antiken Welt waren weniger erfolgreich: Die *Cleopatra* von 1965 mit Liz Taylor und Richard Burton erfüllte nicht die in sie gesetzten Erwartungen. In *Barabbas* (1962), bei dem Richard Fleischer Regie führte und Anthony Quinn die Hauptrolle spielte, wurde ein gutes Drehbuch und eine großzügige Produktion von der Länge des Films erstickt. Ebenso in die Kategorie der interessanten Misserfolge gehört Anthony Manns Film *Der Untergang des Römischen Reiches* von 1964, in dem einige

BILD LINKS: Werbeposter mit einer Aufnahme aus *Quo Vadis?* mit Robert Taylor und Deborah Kerr.
BILD OBEN: Filmplakat für den MGM-Kassenknüller *Ben Hur* von 1959.
BILD SEITE GEGENÜBER: Kirk Douglas als Spartacus steht in der Arena einem Gegner gegenüber. Links oben, am Geländer stehend, Jean Simmons als Varinia.

wichtige Figuren vorkommen, die später auch in *Gladiator* erscheinen.

Gleichgültig, welche Handlung die Filme hatten und wie groß die künstlerischen Ambitionen ihrer Macher waren, ihre unverzichtbaren Bestandteile waren im Allgemeinen eine monumentale Aufmachung, riesige Drehorte, große Statistenheere und hektarweise fließende Gewänder, die allzu oft nicht gerade eindrucksvolle Schauspielerknie sichtbar werden ließen. Und die Schauspieler strengten sich an, Athleten, Heroen, Streitwagenfahrer oder biblische Helden glaubhaft darzustellen, wobei sie zwar in der Regel in guter körperlicher Verfassung waren, aber dennoch eine gewisse Herausforderung an die Vorstellungskraft der Zuschauer stellten. Als Ridley Scott zum ersten Mal gefragt wurde, ob er Interesse an *Gladiator* habe, habe er wohl, so spekulierte ein Autor, „Bilder von Victor Mature im Lendenschurz, wie er gerade seinen Bauch einzieht, vor seinem inneren Auge gesehen". Gegen Ende des 20. Jahrhunderts wurde durch das Erscheinen von Verballhornungen wie *Toll trieben es die Alten Römer* oder *Das Leben des Brian* offensichtlich, dass das Genre mittlerweile ins Reich der Farce abgeglitten (oder aufgestiegen) war. In dem Film *Die unglaubliche Reise in einem verrückten Flugzeug* wird die Frage von Peter Graves „Magst du gerne Gladiatorenfilme?" als Scherzpointe verwendet.

Wenn die Filmemacher, die sich Franzonis Geschichte vorgenommen hatten, dies alles gewusst hätten, wären sie wahrscheinlich unheilbar an „Toga-Furcht" erkrankt. Aber Douglas Wick behauptet, dass

BILD OBEN: Duncan Regehr als Gladiator in der englischen Miniserie *The Last Days of Pompeii* von 1984 (die Geschichte wurde schon 1935 und 1960 verfilmt).
BILD UNTEN: Charlton Heston steuert mit seiner Darstellung der Hauptfigur in *Ben Hur* geradewegs auf einen Oskar zu.

davon bei der Planung von *Gladiator* sehr wenig zu spüren gewesen sei, obwohl doch einige ihrer Überlegungen davon geleitet wurden. „Je mehr wir uns mit der Geschichte und der damaligen Zeit beschäftigten und je mehr faszinierende und geistreiche Details wir entdeckten, desto weniger fürchteten wir uns vor einer Toga-Version", erinnert er sich.

Einige ihrer Ziele fanden die Filmemacher heraus, indem sie sich Gedanken machten, was sie von dem Film *nicht* wollten. Was sie wirklich wollten, war eine Ausstattung, die so detailliert sein sollte, dass sie überzeugte; des Weiteren atemberaubenden Realismus bei den Action-Szenen; außerdem ausdrucksstarkes aber dennoch kontrolliertes Schauspiel der Akteure, die nicht notwendigerweise Filmstars sein mussten. Sie waren sich bewusst, dass sie gegenüber den früheren Filmproduktionen einen riesigen Vorteil hatten, der durch ein erstklassiges Designer-Team erreicht werden konnte. Ausstattung und Action sollten zudem durch die Magie der digitalen Effekte wesentlich verbessert werden.

Darüber hinaus, berichtet Wick, „war unsere größte Herausforderung, die Geschichte richtig hinzukriegen. Und eigentlich noch größer das Problem Regie, Regie und nochmals Regie – denn in den Händen eines mittelmäßigen Regisseurs bleibt immer ein bisschen von der Toga-Furcht bestehen."

DIE ANTIKE WELT ALS FILMSCHAUPLATZ

Intoleranz (1916): D. W. Griffiths Meilenstein der Filmgeschichte verwebt vier Geschichten von Vorurteil und Unmenschlichkeit, wovon die erste im alten Babylon spielt und mit spektakulären Drehorten und Massenszenen beeindruckt.

Quo Vadis? (1951): Eine Romanze zwischen einem römischen Feldherrn (Robert Taylor) und einer Christin (Deborah Kerr) während der Herrschaft Neros. Einige Gladiatorenszenen und gute Außenaufnahmen.

Das Gewand (1953): Richard Burton spielt den römischen Zenturio, der die Kreuzigung Christi beobachtet und dessen Leben sich dadurch verändert. Der erste Film, der mit dem CinemaScope-Verfahren gedreht wurde. In seiner Fortsetzung von 1954, *Demetrius und die Gladiatoren,* spielt Victor Mature die Hauptrolle.

Die Zehn Gebote (1923, 1956): Zweimal verfilmte Cecil B. DeMille dieses Bibel-Epos, erst 1923, dann 1956 mit Charlton Heston als Moses, Yul Brynner als Pharao und einem riesigen Statistenaufgebot. Die Teilung des Roten Meers ist einer der hervorragend gemachten Spezialeffekte, die Farçiot Edouart im Bluescreen-Verfahren herstellte.

Ben Hur (1959): Archetypischer Hollywood-Monumentalfilm über den jüdischen Helden Ben Hur (Charlton Heston), der die Rekordzahl von 11 Oskars bekam. Regie: William Wyler; Spezialeffekte: A. Arnold Gillespie und Peter Ellenshaw. Die Version von 1926 mit Ramon Novarro und Francis X. Bushman war der größte Stummfilm aller Zeiten.

Spartacus (1960): Kubricks komplexes Spektakel bekam Oscars für Art-Direction, Kostümdesign, Filmtechnik, Drehbuch (von Dalton Trumbo) und den besten Nebendarsteller, nämlich Peter Ustinov. VFX-Designer Saul Bass und Stunt-Koordinator Yakima Canutt bearbeiteten gemeinsam die Kampfszenen.

Barabbas (1962): Die Saga von dem Verbrecher, den Pontius Pilatus anstelle von Jesus freilässt, basiert auf einem Roman von Pär Lagerkvist. In den Hauptrollen sind Anthony Quinn und Jack Palance zu sehen. Langatmig, aber lobenswert.

Cleopatra (1963): Endlose Nacherzählung der Dreiecksgeschichte von Cleopatra, Julius Cäsar und Marcus Antonius. Hauptsächlich bekannt durch die Affäre von Elizabeth Taylor und Richard Burton (Bild), die bei den Dreharbeiten begann. Regie: Joseph L. Mankiewicz.

Der Untergang des Römischen Reiches (1964): Alec Guinness als Marcus Aurelius, Sophia Loren als Lucilla und Christopher Plummer als Commodus; trotzdem wurde Anthony Manns intelligenter Film vom Publikum der 60er Jahre nicht angenommen.

Toll trieben es die Alten Römer (1966): Richard Lester adaptierte das irre Broadway-Musical. Zero Mostel spielt einen Sklaven, der eine Verschwörung anzettelt. Musik von Stephen Sondheim.

Fellinis Satyricon (1970): Fellinis berauschende, zwischendurch perverse Studie der römischen Dekadenz lässt eine Reihe bizarrer Gestalten aufmarschieren.

Das Leben des Brian (1979): Monty Pythons leichtfüßige Erzählung von Brian, dessen Leben parallel zu dem von Christus verläuft, ist eine Veräppelung von Gleichberechtigungskampagnen. Ein Höhepunkt ist unter anderem der lispelnde, schwule Pontius Pilatus.

RIDLEY SCOTT: WELTEN ERSCHAFFEN

Je länger sich der Drehbuchautor Franzoni und die beiden Produzenten Wick und Parkes mit der Geschichte beschäftigten, desto fasziniertet waren sie über deren Potential für einen Film – in den Händen des richtigen Regisseurs. Die Person, die sie sich vorstellten, müsste ein „Meister im Visualisieren" sein. Und, so Wick, „unsere Traumbesetzung war immer Ridley Scott".

Wohl wissend, dass der Mann, den sie unbedingt haben wollten, der Inbegriff des Filmvisualisten ist – er ist der Regisseur, der hinter so unvergesslichen Filmvisionen wie *Alien, Blade Runner* und *Thelma & Louise* steht – verwendeten sie ein ausdrucksstarkes Bild als Köder. Noch bevor sie Scott baten, das im Entstehen begriffene Drehbuch zu lesen, zeigten sie ihm eine Reproduktion von Jean-Léon Gérômes Gemälde *Pollice Verso* („Daumen nach unten") von 1872. Diese dramatische Szene versetzt den Betrachter auf den Boden des Kolosseums in Rom in eine Situation, in der ein angsteinflößend kostümierter Gladiator, der mit einem Fuß auf dem Hals seines gestürzten Gegners steht, zu der Menschenmenge aufsieht, welche die kaiserliche Loge umringt und die fatale Geste zeigt, die seinen Feind zum Tode verurteilt. Man kann fast den heißen Sand in der von Licht und Schatten gestreiften Arena spüren, das Blut riechen, mit dem er getränkt ist, und das blutrünstige Brüllen

der Massen hören, so lebensnah ist die Wiedergabe des Künstlers.

„Dieses Bild spiegelte für mich das Römische Reich mit all seinem Ruhm und seiner Lasterhaftigkeit wider", sagt Scott, „denn was ich liebe – abgesehen davon, gute Drehbücher zu bekommen und gute Filme zu machen – also, was mir am meisten Spaß macht, ist, glaube ich, Welten zu erschaffen. Manchmal neue Welten, wie für Science-Fiction-Filme, oder eine alte, historische Welt wie in diesem Fall geschehen."

Kinogänger denken bei Ridley Scott wahrscheinlich zuerst an Science-Fiction wegen des phänomenalen Erfolgs von *Alien* (1979), der Sigourney Weaver zum Star machte, und wegen des innovativen Films *Blade Runner* (1982, der von den Kritiken hochgelobte Director's Cut erschien 1993). Genauso einflussreich, aber für ein anderes Genre, war die futuristische Vision, die Scott 1984 für einen bahnbrechenden Fernsehspot von Apple Macintosh drehte, inspiriert von George Orwells *1984*.

Aber Scotts Versuche, die Geschichte wieder aufleben zu lassen, waren genauso hervorragend – nur nicht so bekannt. Er bekam 2000 einen Golden Globe für seine Arbeit als Produzent des HBO-Films *Citizen Kane – Die Hollywood-Legende,* der die Dreharbeiten zu Orson Welles *Citizen Kane* zum Thema hat.

Scott debütierte als Spielfilmregisseur mit dem Epochendrama *Die Duellisten,* das in Cannes mit dem Preis für den besten Debütfilm ausgezeichnet wurde

BILD LINKS: Die Tore von Rom in einer Skizze von Ridley Scott.
BILD OBEN: Die Felix-Legionen rücken gegen den Feind in Germanien vor.
BILD SEITE GEGENÜBER: Stadttor, Zeichnung von Ridley Scott.

"*Es ist wundervoll für einen Schauspieler, mit einem Regisseur wie Ridley Scott zu arbeiten, der seinen Beruf und sein Handwerk so gut beherrscht und so genau weiß, was er will. Das ist ein Geschenk für einen Schauspieler, weil die Hälfte seiner Probleme dadurch gelöst sind. Wenn jemand wie Ridley Regie führt, muss man ihm vertrauen.*"

– RICHARD HARRIS –

und mittlerweile zu den Klassikern gehört. Und 1992 produzierte er *1492 – Die Eroberung des Paradieses,* wobei er auch Regie führte. In dem ambitionierten Historienabenteuer entdeckt Gérard Depardieu als Christoph Kolumbus Amerika.

Scotts meisterhafter Umgang mit der visuellen Sprache ist kein Zufall, er hat das renommierte Londoner Royal College of Art absolviert. Er begann seine Karriere als Regisseur beim BBC, wo er Werbespots drehte, bevor er ins Spielfilmfach wechselte. Zu seinen jüngsten Regiearbeiten zählen: *Die Akte Jane,* ein Gleichberechtigungsdrama, in dem Demi Moore als erste Frau der Navy-Eliteeinheit S.E.A.L. beitritt; *White Squall – Reißende Strömung* mit Jeff Bridges; der mutige Polizeithriller *Black Rain* mit Michael Douglas und Andy Garcia; der Erotikthriller *Der Mann im Hintergrund;* außerdem das Fantasyabenteuer *Legende* mit Tom Cruise. Einige der Filme, bei denen er Regie führte, produzierte er auch, wie zum Beispiel *Schrei in die Vergangenheit, Clay Pigeons* und *Ein heißer Coup* mit Paul Newman in der Hauptrolle. Zur Zeit führt Scott bei *Hannibal* Regie, der Fortsetzung des oscargekrönten Films *Das Schweigen der Lämmer* mit Anthony Hopkins in der Hauptrolle.

Scott freute sich über die Gelegenheit, wieder einmal eine historische Welt zu ergründen: "Wir hatten weiß Gott genug an Science-Ficton in letzter Zeit, jeder ist hin und hat sie sich angeschaut. Deshalb wird es heutzutage immer schwieriger, Science-Fiction-Filme zu drehen – wie kann man die Welt präsentieren, so dass sie frisch und neu aussieht? Bei historischen Themen liegt die Herausforderung im Grunde darin, herauszufinden, wie genau man sein kann. Das hat etwas mit Recherche zu tun und mit der Auswahl der richtigen Leute: den passenden Produktionsdesigner, den passenden Kostümdesigner, den besten Waffenmeister und so weiter. Und man muss natürlich eine Menge recherchieren.

BILD OBEN: Das Kamerateam filmt im teilweise aufgebauten Kolosseum Streitwagen für die Karthagoschlacht-Szene.
BILD NÄCHSTE SEITE: Ridley Scott und Russell Crowe diskutieren im Arena-Set in Marokko.

Jeder Film hat seine eigenen Schwierigkeiten mit eingebaut, man darf nur nicht zulassen, dass sie durch die Tür kommen und einen kontrollieren. Da sind wir wieder beim richtigen Team, das man zusammenstellen muss, bei der Auswahl der Leute, die Aufgaben für einen übernehmen; das hat mit Delegieren zu tun und mit Entscheiden. Das war nicht schwierig, sondern hat Spaß gemacht. Ich meine, wie oft kommt man schon dazu, das Kolosseum, eine nordafrikanische Römerstadt oder das Forum aufzubauen oder die germanische Front an der Donau nachzubilden mit Tausenden von römischen Truppen, die gegen die germanischen Barbaren kämpfen? Nicht sehr oft, besonders heutzutage. Und ich habe wirklich die Größe der ganzen Sache genossen."

„Die Vorstellung,
eine Ridley-Scott-Tour durch das
Alte Rom zu unternehmen,
machte uns Lust, sofort
in diesen Bus einzusteigen."

– DOUGLAS WICK –

Trotz seiner Begeisterung für das Projekt war sich Scott darüber im Klaren, dass er sich an ein Genre wagte, dessen Beliebtheitsgrad in der heutigen Generation noch nicht getestet worden war. „Spartacus war vor 40 Jahren", meint er, „und Ben Hur war noch früher. Die beiden Filme habe ich im Kino gesehen, als ich jung war. Aber ich denke, das Morgengrauen des neuen Millenniums könnte der ideale Zeitpunkt sein, um die Epoche wieder aufleben zu lassen, die möglicherweise die wichtigste der letzten zweitausend Jahre war – wenn nicht der ganzen Menschheitsgeschichte überhaupt –, der Höhepunkt und Niedergang der größten militärischen und politischen Macht, die die Welt jemals gesehen hat."

DIE AUSARBEITUNG DER GESCHICHTE

*„Unsere Geschichte sagt aus,
dass, sollte ein Held sich aus dem
Gemetzel der Arena erheben,
ihm seine Popularität
überwältigende Macht verleihen
würde."*

– RIDLEY SCOTT –

Sobald der Wunsch-Regisseur für das Projekt an Bord gegangen war, wurde die wichtigste Arbeit, nämlich die an der Geschichte des Films fortgesetzt. Die Entwicklung der Handlung und des Drehbuchs von *Gladiator* war ein flüssiger und dynamischer Prozess, der sich über mehrere Jahre hinzog bis zum Schnitt der letzten Aufnahmen. Das lag hauptsächlich an Ridley Scotts stark visuell orientierter Vorgehensweise. Nichts im Drehbuch ist bei ihm felsenfest, und was schlussendlich auf die Leinwand kommt, hängt ganz davon ab, was er sieht – erst während der Erstellung des Storyboards, später durch die Kamera. Das endgültige Bild auf der Leinwand ist ein Produkt aus vielen Faktoren, die sich im Prozess immer weiter entwickeln: Drehorte, Produktionsdesign, Auswahl der Schauspieler, Wetterverhältnisse und tausend andere Variablen. „Manche Nuancen im Skript entwickelten sich weiter, wenn Ridley sah, wie sich die Figur weiterentwickelte", bemerkte der nun verstorbene Oliver Reed, der den Gladiatorentrainer Proximo spielte.

Mehrere ausgezeichnete Autoren haben sich am Drehbuch von *Gladiator* beteiligt. David Franzoni entwickelte zusammen mit Douglas Wick, den Produzenten Walter Parkes und Laurie MacDonald sowie dem Regisseur die Geschichte und erstellte den ersten Drehbuchentwurf. Als einer der Produzenten blieb er an dem Projekt bis zum letzten Schnitt beteiligt. „Von Anfang an war meine Vision nicht *Ben Hur*, sondern *Im Westen nichts Neues*", erklärt Franzoni. „Es sollte ein erwachsener Film über Krieg, Tod und Leben in Rom werden – über das Leben eines Gladiators."

An der Erstellung des Drehbuchs waren zu unterschiedlichen Zeiten die Drehbuchautoren John Logan und William Nicholson beteiligt. Logan, der Mitautor des Drehbuchs (nach seiner eigenen Idee) für Oliver Stones Football-Drama *An jedem verdammten Sonntag*, verfasste auch das Skript für den HBO-Film *Citizen Kane – Die Hollywood-Legende*, den Ridley Scott produzierte. Momentan schreibt er für den Regisseur Michael Mann an einer Filmvorlage über das Leben von Howard Hughes sowie an einem Drehbuch für eine Neuverfilmung von H. G. Wells *Die Zeitmaschine*, eine Koproduktion von DreamWorks und Warner Bros. William Nicholson erhielt eine Oscarnominierung für sein Drehbuch von *Shadowlands* mit Anthony Hopkins und Debra Winger, das auf seinem eigenen Bühnenstück basierte. Außerdem schrieb er die Skripts zu *Nell* mit Jodie Foster, *Der erste Ritter* mit Sean Connery, Richard Gere und Julia Ormond, und *Sarafina!* mit Whoopie Goldberg.

Obwohl unzählige Details der Ursprungsgeschichte im Laufe der Zeit verloren gingen, blieben ein paar wesentliche Ideen im Herzstück des Films. Als die Filmemacher begannen, sich auf die Dramatik des Gladiatorenkampfes zu konzentrieren, stellte sich ihnen die Frage, für welche Periode der jahrhundertelangen römischen Herrschaft sie sich entscheiden sollten. Mit dieser Bewertung und anderen historischen Recherchen betrauten sie Suzanne Jurva, die Leiterin der Rechercheabteilung bei DreamWorks bzw. wandten sich an Spezialisten auf dem Gebiet der römischen Zivilisation.

Die Recherchen führten sie in die Zeit gegen Ende des zweiten Jahrhunderts nach Christus, als der beliebte Kaiser Marcus Aurelius starb und sein Sohn Commodus die Thronfolge antrat. Diese Periode wird von Wissenschaftlern im allgemeinen als Wendepunkt betrachtet, an dem Rom seinen Höhepunkt überschritt und sein Niedergang begann. Zu dieser Zeit waren die Gladiatorenspiele für ungefähr ein Jahrhundert besonders beliebt in Rom. (Einer der vielen Unterschiede zwischen Marcus Aurelius und Commo-

BILD OBEN: Ridley Scott und Russell Crowe (als Maximus) auf dem nordafrikanischen Sklavenmarkt.
BILD RECHTS: Produzent Douglas Wick.

BILD OBEN: Ridley Scott und Oliver Reed, der den Gladiatorentrainer Proximo spielte.
BILD SEITE GEGENÜBER: Die typische Geste von Maximus – vor einem wichtigen Kampf verreibt er Erde zwischen den Händen.

*„Die Autoren experimentierten viel.
Manche Nuancen im Skript
entwickelten sich weiter,
wenn Ridley sah, wie sich die Figur
weiterentwickelte."*

– OLIVER REED –

dus bestand darin, dass ersterer wenig mit den Spielen anfangen konnte, während Commodus blutige Spiele nicht nur liebte, sondern auch zu den wenigen Herrschern gehörte, die sich selbst am Kampf in der Arena beteiligten.)

Diese Ära war „der Anfang vom Ende des Römischen Reiches", erklärt Ridley Scott, „was durch das Geschehen in den Arenen reflektiert wurde. Dort konnte man sehen, wie krank Rom geworden war und wie satt, wie wenig es noch auf die entfernter gelegenen Gebiete seines Reiches achtete." Und er ergänzt: „Unterhaltung wurde oft von Herrschern dazu benutzt, eine Bürgerschaft von ihrer Unterdrückung abzulenken. Auch der größte Tyrann muss sein Volk unterhalten, selbst wenn sie verrohen. Die Gladiatorenkämpfe waren so eine Ablenkung. Unsere Geschichte sagt aus, dass, sollte ein Held sich aus dem Gemetzel der Arena erheben, ihm seine Popularität überwältigende Macht verleihen würde – und, wenn er ein echter Held des Volkes wäre, er eine Bedrohung für den mächtigsten Tyrannen werden könnte." Das bringt uns zum Herzstück des Ganzen, dem Stück menschlichen Dramas, das jede Geschichte braucht. Douglas Wick berichtet, dass die Filmemacher „nach einer Heldenreise suchten, die den Eindruck der Arena für das Publikum maximieren würde. Die Seele des Films war immer Maximus, ein römischer Tribun, der auf der Höhe seines Triumphs entmachtet wird und als Sklave endet; der dazu gezwungen wird, in der Arena zu kämpfen, was wie eine Art Parodie seiner Heldentaten als großer Krieger wirkt."

Aus dieser Idee für einen Protagonisten gestalteten die Autoren einen Mann, der zwar gebieterisch, aber auch nüchtern sein sollte; einen Krieger, der lieber Familienvater und Bauer war; einen Spanier und Ausländer, der dennoch eine unbedingte Loyalität zu Rom und dem, was es verkörperte, verinnerlicht hatte. Dieser Charakter wurde durch das intensive Schauspiel von Russel Crowe endgültig zum Leben erweckt.

„Die Reise wurde erst richtig spannend, als Ridley Scott die Reiseführung übernahm", erzählt Douglas Wick. „Es wurde uns klar, dass er die Zuschauer mitnehmen würde in die Vorstellung, wie es gewesen sein muss, ein Gladiator zu sein. Wir besprachen alle Aspekte der Reise, und er zauberte die Details herbei, skizzierte sie im direkten Sinne des Wortes. Er hielt immer Ausschau nach Einzelheiten, die die Sache interessant machten: Wie sahen wohl die Schlafgelegenheiten aus? Was haben sie gegessen? Wie fühlt es sich an, in einer kleinen Provinzarena zu kämpfen und dann Rom und das Kolosseum zu sehen?"

Ähnlich wie sein Held Maximus übernahm der Regisseur Scott wie ein Tribun die Verantwortung für die ganze Bandbreite der Unternehmung vom großen Bild bis hin zu den winzigsten Details, eine Aufgabe, für die ihn seine früheren Erfahrungen mit Monumentalfilmen gut vorbereitet hatten. So zeichnete er schon vor Beginn der Produktion, während das Gerüst von Dialogen, Figuren und Handlung gerade erst zusammengeschmiedet wurde, Entwürfe, wie man alles am spektakulärsten auf die Leinwand übertragen könnte: die Schauplätze, die Drehorte, die Statisten, die Choreografie der Kämpfe, die Kostüme, die Schwertkämpfe und schließlich die Computergrafiken, die die ganze Action verknüpfen würden.

Für ihn als visuellen Künstler waren Storyboardzeichnungen das primäre Hilfsmittel für die Vorstellungskraft und das Experimentieren mit den Szenen und Aufnahmen. Schon viele Monate bevor die ersten Dreharbeiten begannen, zeichnete Scott lange Zeit ganz alleine an groben Skizzen der Schlüsselszenen. Anschließend arbeitete er einige Monate lang mit dem Storyboardzeichner Sylvain Despretz zusammen, erweiterte, revidierte, verfeinerte und verwarf Ideen und probierte wieder neue aus (siehe Abbildungen). Das war für den Film *Gladiator* der erste große Schritt vom Konzept auf dem Papier hin zu dem, was auf der Leinwand zu sehen sein würde.

BILD OBEN: Ridley Scotts vorbereitende Skizzen von der Szene, die Maximus' Reise genannt wird.
BILD UNTEN: Eine andere Version der selben Szene, gezeichnet von Sylvain Despretz.

34

DER REGISSEUR UND DER STORYBOARDZEICHNER

Der Storyboardzeichner Sylvain Despretz arbeitete für den Film *Gladiator* eng mit Ridley Scott zusammen. Und so beschreibt er den Prozess:

„Ridley fängt mit den Vorbereitungen für die Produktion viele Monate früher an als die meisten Regisseure.

Einige Monate vor Produktionsbeginn macht er sehr detaillierte Skizzen, eine nach der anderen, Schlag auf Schlag. Seine Skizzen berücksichtigen Beleuchtung, Tiefe und Komposition genauso wie Action. Wenn es dann nur noch ein paar Wochen hin ist, dann werden seine Skizzen grob und seine Anweisungen vage, weil ihm dann die Zeit dazu fehlt. Aber dann hat man meistens schon kapiert, in welche Richtung sich der Film bewegt, und kann ziemlich improvisieren. Im Allgemeinen nimmt Ridley jedoch alles sehr genau. Er weiß ziemlich gut, was er in seinen Film reinhaben will. Wenn er das aufgezählt hat, ist er jedoch auch offen für Ideen, vor allem bei Actionszenen, wenn einige Leute rumsitzen und fragen: ‚Was soll ich da tun?‘. Aber für mich ist der interessanteste Teil, wenn er mit mir das Storyboard erarbeitet, denn in der Anfangsphase sind das natürlich die einzigen Bilder vom Film, die man sich ansehen kann, und das eine ziemliche Zeit lang. Der Regisseur führt bei mir Regie, und ich mache die erste Version seines Films. Das ist fast wie die erste Filmkopie.

Ridley ändert oft seine Meinung, und manchmal benutzt er das Storyboard mehr, um Ideen loszuwerden als um sie einzuarbeiten. Wenn er viel am Storyboard gemacht hat, heißt das nur, dass er sozusagen einen Probeschuss abgegeben hat, wie wenn ein Maler Skizzen macht. Ridley gönnt sich den Luxus, seinen Film mit dem Art-Department zusammen zu entwickeln. Er macht manchmal mit fünf, sechs, sieben Kameras Aufnahmen und ist dabei ziemlich spontan. Ich kann nicht behaupten, dass das Storyboard dem endgültigen Film besonders ähnlich ist.

Das Storyboard kann nur so gut sein wie der Regisseur. Für mich ist ein Regisseur wie Ridley ein Künstler, ein Zeichner; jemand, der echte Skizzen machen kann, die stimmig sind in Komposition, Form, Tiefenschärfe und allem. Es macht großen Spaß, mit einem Regisseur zu arbeiten, der sich visuell so gut ausdrücken kann.“

BILD GANZ OBEN: Storyboards für die Schlacht bei Karthago werden bei der Vorbereitung für eine Aufnahme im Kolosseum aufgebaut.
BILD OBEN: Der Storyboardzeichner Sylvain Despretz hält die Tigermaske hoch, die nach seiner Zeichnung angefertigt wurde.
BILD NÄCHSTE DOPPELSEITE: Der Tod von Commodus, eine Produktionszeichnung von Sylvain Despretz.

ROM IM ZWEITEN JAHRHUNDERT

Zu der Zeit, in der *Gladiator* spielt, näherte sich das Römische Reich dem Ende einer langen Ära der Stabilität und des Erfolgs, die mit dem Begriff Pax Romana in die Geschichte eingegangen ist. Die Herrscher, die seit Ende des ersten Jahrhunderts regiert hatten – Trajan, Hadrian, Antonius Plinius und Marcus Aurelius – waren fähige und kultivierte Regenten, die das Reich erweitert und stabilisiert hatten. Sie begannen große Bauprojekte in Rom oder führten sie weiter, und sie versuchten sogar einige soziale Reformen durchzuführen.

Aber in Rom stand nicht alles zum Besten, als sich die Regierungszeit von Marcus Aurelius (161–180 n. Chr.) zum Ende neigte. Die Grenzen des Reiches waren so ausgedehnt, dass die Legionen unablässig damit beschäftigt waren, sie gegen die „Barbaren" zu verteidigen, die die Vorzüge der römischer Herrschaft nicht einsehen wollten und leidenschaftlich kämpften, um die Eindringlinge zu vertreiben – von Judäa bis zur schottischen Grenze und von der Donau bis Nord-

BILD LINKS: Eine Prätorianertruppe reitet die „Hauptstraße" des Rom-Drehortes entlang, der eigentlich ein Teil des Fort Ricasoli auf Malta ist.
BILD OBEN: Das Forum Romanum, ein Stich von Johannes Heck (1857), der wie viele andere Abbildungen als Informationsmaterial für die Produktion verwendet wurde.

BILD DIESE UND NÄCHSTE SEITE OBEN: Produktions-
zeichnungen von Denis Rich, die das Innere des
kaiserlichen Palastes und den Platz vor dem
Kolosseum zeigen.
BILD UNTEN: Schauspieler und Statisten in einer
Straßenszene in Rom.

afrika. Marcus Aurelius verbrachte die meiste Zeit seiner Regentschaft weit entfernt von Rom an der Spitze
seiner Legionen im Kampf gegen die Parther, Germanen und Briten. Er unterschied sich wohl nicht sehr
stark von der Darstellung, die der Film von ihm zeigt:
Ein Mann, der mit den klar umrissenen Aufgaben,
Beziehungen und Gefahren des militärischen Lebens
besser zurechtkommt als mit den politischen Intrigen
zu Hause in Rom und der sich gefährlich weit entfernt
hat von seinem Volk.

Die Verständigung in dem weitläufigen Imperium
war ungemein schwierig. Ein Herrscher konnte nicht
überall zugleich sein, er konnte nicht wie wir heutzutage Telefonkonferenzen abhalten mit dem Senat in
Rom oder mit den Statthaltern in den fernen Provinzen. Er musste seinen Einfluss aufrechterhalten,
indem er die Statthalter entweder zu persönlicher
Loyalität und Verantwortung verpflichtete oder ihnen
Angst vor Roms militärischer Macht einflößte. Wie
Ridley Scott sich ausdrückte: „Das Imperium war wohl
einfach zu groß geworden, um es zusammenzuhal-
ten."

Die Ressourcen, die nicht in den Unterhalt der
Armeen flossen, wurden meist für Bau und Instand-
haltung der Hauptstadt Rom ausgegeben. Auf dem
Land lebten unzählige verarmte Bauern, die von den
reichen Grundbesitzern tyrannisiert wurden. Die
Armut der Landbevölkerung und die andauernden
Kriege in fernen Ländern führten zu einer riesigen
Einwanderungswelle, da Bauern und unterworfene
Völker nach Rom strömten. Die Stadt war extrem
übervölkert, und die Mehrheit des *Plebs*, der ärmsten

Schicht, war arbeitslos und lebte von Nahrungsmitteln, die öffentlich verteilt wurden, von einer Art Wohlfahrtssystem. Diese Menschen hatten auch keinerlei Möglichkeit, sich politisch zu äußern. Die Gladiatorenkämpfe waren eines der wirksamsten Mittel, die untätigen Volksmassen zu beschäftigen und abzulenken.

Die Stadt Rom war in dieser Zeit immer noch auf dem Höhepunkt ihrer äußerlichen Pracht und Größe, obwohl sich bereits erste Anzeichen von Verschleiß und Abnutzung zeigten. Die wichtigsten Leistungen der Römer im Bau von Straßen, Aquädukten und großen öffentlichen Gebäuden hatten etwas früher stattgefunden; im ersten Jahrhundert n. Chr. oder noch früher, obwohl immer noch gebaut wurde. Das Forum war das Zentrum des öffentlichen Lebens, mit seinen weiten offenen Flächen, den Rednerbühnen, Statuen und umgeben von Tempeln und Basiliken. In den Seitenstraßen, wo sich über einer chaotischen Ansammlung von Märkten, Läden und Verkaufsständen bis zu siebenstöckige Mietshäuser erhoben, wohnten fast eine Million Menschen, während sich die Reichen elegante ein- oder zweistöckige Villen *(Domus)* bauten. Die bahnbrechenden Entwicklungen der Römer in Architektur und bei der Erfindung dauerhafter Baumaterialien machten all das möglich und sind der Grund, warum so viele Überreste des antiken Roms heute noch zu besichtigen sind.

Die römischen Kaiser verwendeten genauso viel Mühe auf Stätten der Unterhaltung wie auf ihre Regierungsgebäude und Göttertempel. Der riesige Circus Maximus, Roms Wagenrennbahn, war der größte Bau des Imperiums. Von ihm ist nichts übriggeblieben, aber die Ruinen von vielen Theatern und Amphitheatern („runde Theater") stehen heute noch. Herausragend unter ihnen ist das Kolosseum, das um 70 n. Chr. von Kaiser Vespasian begonnen und von Titus, seinem Sohn und Erben, zehn Jahre später vollendet wurde. Es wird von vielen als die größte architektonische Leistung des antiken Roms bezeichnet, allerdings war es ironischerweise der Schauplatz von Spektakeln, die Rom von seiner schlechtesten Seite zeigten.

BILD RECHTS: Detailzeichnung eines Fackelhalters für das Kolosseum von Denis Rich.

Die Figuren – Realität oder Fiktion?

„Unsere Geschichte stürzt von einem Königreich aus Gold in eines aus Eisen und Rost." So beschrieb der römische Historiker Dio Cassius die Situation Roms nach dem Tod von Marcus Aurelius und der Machtübernahme seines Sohnes Commodus. *Gladiator* ist eine erfundene Geschichte, die jedoch auf wahren Begebenheiten beruht, und einige der Protagonisten des Films haben wirklich gelebt.

Marcus Aurelius (sein voller Titel war Imperator Caesar Marcus Aurelius Antonius Augustus) war Kaiser von 161 bis 180 n. Chr. und wird von Historikern als weise, gerecht und kompetent beschrieben. Was nicht so bekannt ist (und der Film erwähnt das auch nicht), ist, dass er in Wahrheit mit seinem Adoptivbruder und Mann seiner Tochter Lucilla gemeinsam regierte, obwohl er praktisch die Macht hatte.

In seiner Jugend wandte sich Marcus der stoischen Philosophie zu, die Tugenden wie Pflichterfüllung, Durchhaltevermögen und Genügsamkeit hervorhob. Die meiste Zeit seiner Herrschaft jedoch verbrachte er damit, Kriege an den Grenzen des Reiches zu führen. Im Kontrast dazu stand, dass er offensichtlich humanitäre Grundsätze hatte und Anstrengungen unternahm, um den Armen und den politischen Gefangenen zu helfen. Er starb im Grenzgebiet an der Donau, wahrscheinlich an der Pest. Commodus war bei ihm in dieser Zeit und reiste kurz danach eilig nach Rom, was Anlass zu der Vermutung gab, er könnte beim Tod seines Vaters die Hand mit im Spiel gehabt haben.

Im Film enterbt Marcus in einer Umkehrung der Geschichte seinen Sohn Commodus in der Absicht, seine Macht dem edlen Tribun Maximus zu übertragen. In Wirklichkeit stoppte Marcus den Brauch eini-

ger seiner direkten Vorgänger: Diese hatten keinen Sohn, deshalb „adoptierten sie den fähigsten Mann, der zu finden war, als ihren Sohn, rechte Hand und Nachfolger", schreibt ein Historiker. „Marcus Aurelius … kehrte jedoch zur dynastischen Thronfolge zurück und ernannte seinen Sohn Commodus zu seinem Nachfolger, obwohl er die vielen ungünstigen Eigenschaften des jungen Mannes kannte."

Der Commodus im Film ähnelt seinem historischen Pendant in mancher Hinsicht, in anderer wieder nicht. Sicher blickt die Geschichtsschreibung missbilligend auf ihn im Vergleich zu seinem Vater. Aber es ist gut möglich, dass Commodus nicht der subtile, intrigante und emotional gestörte junge Mann war wie im Film, sondern lediglich nicht besonders klug, offen für schlechten Einfluss und gewalttätigen Spielen zugeneigt.

Commodus' Leidenschaft für die Gladiatorenspiele und seine eigene Teilnahme an ihnen sind dokumentiert – er kämpfte nicht nur mit Menschen, sondern auch mit wilden Tieren. Er ließ sich eine Spezialbühne errichten, von der aus er in der Arena „jagte". Manchmal köpfte er mit einem sichelförmigen Bogen rennende Strauße und deutete den Senatoren im Publikum gegenüber an, er könne mit ihnen ähnlich verfahren.

Irgendwann wurde Commodus größenwahnsinnig. Er begann sich wie der mythische Held Herkules mit einem Löwenfell zu bekleiden und änderte seinen Namen in Marcus Commodus Antonius. Seine Ausschweifungen waren legendär, der Historiker Aelius Lampridius berichtet: „Commodus tobte durch seinen Palast von Bankett zu Bankett und in Bädern mit 300 Konkubinen …"

Commodus starb nicht in der Arena wie im Film, aber er wurde tatsächlich von einem Athleten getötet. Nachdem viele Attentatversuche gegen ihn gescheitert waren, wurde er 192 n. Chr. von einem Ringkämpfer erdrosselt, der anscheinend im Auftrag eines Prätorialpräfekten handelte (seine Geliebte war wohl auch beteiligt). Der Film zeigt Commodus Abhängigkeit von der mächtigen Prätorianergarde – ein Motiv, das sich stark an die Geschichte anlehnt, denn beginnend mit Commodus' Regierungszeit spielte diese militärische Elitetruppe bei der Ausrufung der meisten Kaiser eine tragende Rolle. In *Gladiator* ist ihre Präsenz fast von der ersten bis zur letzten Szene unheilvoll spürbar.

Unser Held Maximus wurde für den Film erfunden, aber er erinnert an einige historische Persönlichkeiten. Ein Tribun Avidius Cassius zum Beispiel nahm an dem Feldzug teil, der im Film zu sehen ist, und ernannte sich selbst zum Kaiser, als er die Gerüchte über Marcus Aurelius' Tod hörte; er wurde jedoch von seinen eigenen Leuten umgebracht. Schmeichelhafter ist der Vergleich mit Kaiser Diocletian, der in Rom von 284 bis 305 n. Chr. regierte. Wie Maximus war er von niederer Geburt, wurde dann der engste Ver-

traute und Leibwächter des Kaisers und später Tribun. Schließlich wurde er zum Erben ernannt und somit Kaiser.

Ein anderes Vorbild ist Maximian, der mit Diocletian zusammen regierte und als fähiger Befehlshaber beschrieben wurde. Ein Namensvetter von ihm, der von 235 bis 238 n. Chr. herrschte, war „ein rauer thrakischer Soldat mit großer körperlicher Kraft", der sich durch die militärischen Ränge nach oben gearbeitet hatte. Ein ähnlicher Fall ist der große Soldat Trajan, Nachfahre römischer Siedler in Spanien, den der Kaiser Nerva (96–98 n. Chr.) adoptierte und zu seinem Nachfolger machte. Auf jeden Fall gibt es eine Menge historischer Vorbilder für das Filmmotiv, dass Marcus Aurelius Maximus adoptieren will.

Commodus hatte wahrhaftig eine Schwester Lucilla, die ihn gehasst haben soll. Lucilla war mit Lucius Verus verheiratet, wie ihr Sohn im Film Maximus erzählt. (Es wird aber wieder nicht erwähnt, dass Verus Co-Imperator ihres Vaters war.) Lucilla zettelte eine Verschwörung gegen ihren Bruder an und wollte ihn umbringen lassen. Als Rache hierfür verbannte er sie auf die Insel Capri und ließ sie später umbringen. Anders als im Film überlebte Commodus Lucilla also.

DIE WELT DER GLADIATOREN

*„Das Volk, das einst
Herrschaft, Lorbeerkranz,
Legionen und alles verlieh,
beschränkt sich nunmehr auf
zwei leidenschaftliche
Wünsche:
Brot und Spiele."*

– JUVENAL –

BILD RECHTS UND VORHERIGE SEITE:
Studien zur Konzeption der Gladiatoren
von Sylvain Despretz.

In die berühmte Klage des Dichters Juvenal über die Sucht seiner Landsleute nach öffentlichen Schauspielen stimmten auch andere gebildete Römer mit ein. Aber sie waren deutlich in der Minderzahl. Als Commodus an die Macht kam, waren Gladiatorenspiele und Wagenrennen bereits eine der Hauptattraktionen des römischen Lebens geworden. Um ihre Popularität zu sichern und um ein meistenteils arbeitsloses Volk beschäftigt zu halten, setzten manche Kaiser bis zu 150 aufeinander folgende Spieltage im Kolosseum oder Circus Maximus fest. Für Wissenschaftler wie für Laien bleibt es ein faszinierendes Paradoxon, dass „eine Zivilisation, die in vieler Hinsicht so kultiviert und human war, sich für so eine unglaubliche Brutalität begeisterte", wie Professor Andrew Wallace-Hadrill sich ausdrückt.

Gladiatorenkämpfe kamen vermutlich in der Zeit der Etrusker auf, die der Römerzeit direkt vorangig. Sie waren Teil einer Beerdigungszeremonie für die Mächtigen. Ursprünglich waren sie als Menschenopfer gedacht, um die Gunst der Götter für den Verstorbenen zu gewinnen (und eben nicht, um die Beerdigungsgäste zu unterhalten und zu beeindrucken). Die Gegner mussten kämpfen bis zum Tod.

Zusammen mit anderen Bestandteilen der etruskischen Kultur nahmen die Römer auch diesen Brauch in ihre eigenen Beerdigungsfeiern mit auf, die übrigens auch nicht tödlich endende athletische Wettkämpfe enthalten konnten. Hinweise auf Gladiatorenkämpfe auf römischem Gebiet reichen bis ins 3. Jh. v. Chr. zurück.

Typisch für die Römer war die Einstellung, mehr und größer sei immer gleichbedeutend mit besser. Bald begannen mächtige Senatoren oder *Equites,* die Ritter, eine der führenden Klassen in Rom, Spiele mit Gladiatoren oder wilden Tieren bei anderen Anlässen zu sponsern, zum Beispiel um einen Geburtstag, Jahrestag oder militärischen Sieg besonders hervorzuheben. Die Messlatte wurde immer höher angelegt. Wenn ein reicher Mann ein Schauspiel mit 20 Gladiatoren ausrichtete, sorgte der nächste dafür, dass er 30 hatte. Wenn einer ein Krokodil auftreten ließ, versuchte der nächste etwas noch Exotischeres aufzutreiben – beispielsweise ein Rhinozeros. Schließlich merkten die Kaiser, als sie die Regierungsmacht übernahmen, sehr schnell, was für ein wirkungsvolles Instrument der Öffentlichkeitsarbeit die Spiele waren, und monopolisierten das Privileg, diese abhalten zu dürfen. Sie kontrollierten streng den Umfang der Spiele, die normale Adlige durchführten, damit ihre eigenen Spektakel etwas Besonderes blieben. „Die Spiele standen ganz im Mittelpunkt des Systems zur Machtgewinnung", so Wallace-Hadrill. „Sie galten als Gabe, als Geschenk des Kaisers an sein Volk."

Die Arena war der Ort, an dem der Kaiser und sein Volk in direkten Kontakt kamen – und das war der Schlüssel zum dauerhaften Erfolg der Spiele. Hier waren sie gewissermaßen eins, sie genossen dasselbe Drama, bewerteten seine Wirkung und ihre jeweiligen Reaktionen darauf. „Sie beobachten ihren Herrscher die ganze Zeit", erklärt Wallace-Hadrill. „Sie wollen wissen, was der Mann für einen Charakter hat. Ist er so verantwortungsvoll, dass er Kaiser sein soll, oder ist er ein wildes Tier? Manche Kaiser bekamen Probleme, weil es ihnen offensichtlich Freude bereitete Gladiatoren sterben zu sehen."

Es wurde mehreren unterschiedlichen blutigen Sportarten in der Arena (das lateinische Wort für „Sand") gefrönt. Nicht bei allen waren Gladiatoren im eigentlichen Sinne beteiligt. Vormittags fanden normalerweise Tierkämpfe statt. Professionelle Jäger pirschten sich an Tiere heran und töteten sie im Rahmen eines inszenierten Schauspiels, oft mit ausgeklügelten Kulissen, die den natürlichen Lebensraum des Tieres andeuteten. Oder Tiere wurden aufeinander gehetzt, zum Beispiel ein Stier auf einen Bären. Die

Mittagszeit war für die schrecklichste Vorführung reserviert, bei der unbewaffnete Menschen – Kriegsgefangene, Verbrecher oder Christen u. a. – einfach so geopfert wurden. Sie wurden von voll bewaffneten Gladiatoren umgebracht, dazu gezwungen sich zu bekämpfen oder zu sterben, von wilden Tieren zerfetzt und verschlungen oder auf eine andere kreativ-scheußliche Art und Weise getötet. Zu Neros infamsten Taten gehörte es, aus Christen Fackeln zu machen: Ihre Kleider wurden mit Öl übergossen, sie wurden gekreuzigt und in der Arena angezündet.

Die Star-Unterhalter, die ausgebildeten Gladiatoren, hob man sich bis zum Schluss auf. Entweder in Einzelkämpfen oder in groß angelegten Spektakeln, die oft auf einer historischen Szene basierten (wie im Film zum Beispiel die Schlacht bei Karthago). Hier kämpften durchtrainierte und schwer bewaffnete Krieger mit den unterschiedlichsten Hilfsmitteln: Speer, Schwert, Dreizack, Dolch, Keule und mehr. Ein Einzelkampf konnte bis zum Tod dauern oder auch nicht, das hing von der Laune des Kaisers ab und von den Zeichen, die er in der Masse wahrnahm. Wenn ein Mann besonders gut gekämpft hatte oder ein beliebter Champion war, wurde er unter Umständen verschont. Die meisten Zuschauer waren gut informierte Fans, die den Stil und die Fertigkeiten einzelner Kämpfer kannten. Üblicherweise wurden Wetten über den Ausgang der Kämpfe abgeschlossen.

Gladiatoren waren Sklaven. Um Gladiator zu werden, war man entweder schon Sklave oder auch Kriegsgefangener oder Verschleppter aus einem eroberten Land oder man überschrieb sein Leben einem Trainer wie Proximo im Film. Ein Karrieresoldat wie Maximus wäre nie freiwillig Gladiator geworden; wie Russell Crowe es ausdrückt: „Es ist das unterste Ende der Nahrungskette für jemanden wie Max.“ Es war auch ein striktes Tabu für ein Mitglied der oberen Klassen als Gladiator zu kämpfen; allerdings heißt das nicht, dass das nie passiert wäre. Ein verstoßener oder armer jüngerer Sohn konnte sich für so ein Leben entscheiden, und ab und an wagten sich auch die Mächtigen in die Arena. Aber der äußerste Bruch mit den gesellschaftlichen Konventionen war natürlich, wenn ein Kaiser selbst sich entschied, für einen Tag Gladiator zu sein – was ein paar von ihnen taten, so wie Commodus.

Das Leben der meisten Gladiatoren war unschön, brutal und kurz. Ihre Chance, mehrere Kämpfe zu überleben, war gering. Sie wohnten in spartanischen Unterkünften im Lager ihres Trainers, wo sie an kampffreien Tagen hart trainierten. An Kampftagen wurden die Gladiatoren in einer Art Prozession vor

BILD OBEN: Gladiatoren beim Training im Hof von Proximos Gladiatorenlager, Rom-Drehort auf Malta.
BILD UNTEN: Konzeptstudie von Sylvain Despretz.

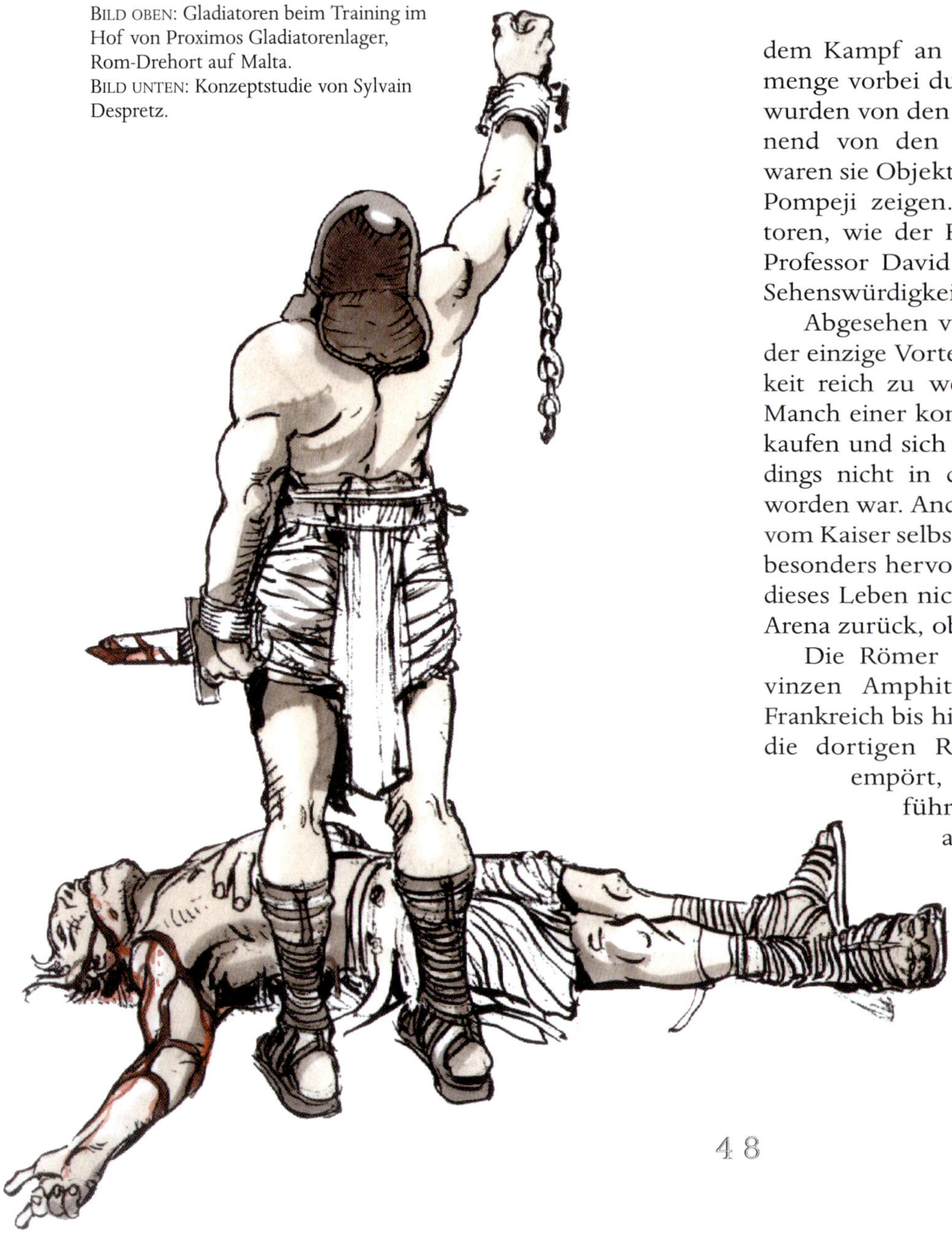

dem Kampf an einer fanatisch jubelnden Menschenmenge vorbei durch die Straßen geführt. Starkämpfer wurden von den Massen als Idole verehrt und anscheinend von den Frauen sexuell begehrt, zumindest waren sie Objekt von Schwärmereien, wie Fresken aus Pompeji zeigen. Übrigens gab es weibliche Gladiatoren, wie der Film sie zeigt, wahrhaftig. Sie galten Professor David Potter zufolge als „ganz besondere Sehenswürdigkeit."

Abgesehen von der Bewunderung des Pöbels war der einzige Vorteil des Gladiatorenlebens die Möglichkeit reich zu werden, wenn man lang genug lebte. Manch einer konnte schließlich seine Freiheit zurückkaufen und sich stilvoll zurückziehen, womit er allerdings nicht in die feine Gesellschaft aufgenommen worden war. Andere erhielten von ihren Meistern oder vom Kaiser selbst die Freiheit zurück, nachdem sie sich besonders hervorgetan hatten. Einige jedoch konnten dieses Leben nicht mehr aufgeben und kehrten in die Arena zurück, obwohl sie ihre Freiheit wiederhatten.

Die Römer bauten auch in den eroberten Provinzen Amphitheater für Gladiatorenspiele, von Frankreich bis hin zur Türkei. In einigen Fällen waren die dortigen Regenten und Völker entsetzt und empört, als die Römer Gladiatorenspiele einführten, aber mit der Zeit gewöhnten auch sie sich daran. Das lehrt uns, wie Wallace-Hadrill sagt, dass „jede Menschenmenge dazu gebracht werden kann, fasziniert zuzusehen, wenn Menschen sich gegenseitig töten."

Die Diskussion über Gladiatoren ruft unweigerlich einen Vergleich mit den gewalttätigen Sportarten heutzutage hervor. Manche Menschen behaupten, dass es da keinen großen Unterschied gäbe, dass sich die menschliche Natur kein Stück verändert habe und dass wir unter bestimmten Umständen genauso johlend zusehen würden, wenn Wettkämpfer einander töteten. Andere wiederum glauben, dass wir zumindest ein wenig zivilisierter sind. Auf jeden Fall haben wir bessere gesellschaftliche und rechtliche Kontrollen über unsere Blutrünstigkeit in den akzeptierten Sportarten. Es ist hart, die heutigen Moralvorstellungen auf die Zeit der Römer anzuwenden, wo Verletzungen und Tod unablässig präsent waren durch Krieg, Hungersnöte und Krankheiten. „Wären wir auch so wie sie? Waren sie andere Menschen als wir?", fragt Wallace-Hadrill. Wer kann das so genau sagen?

BILD OBEN: Die kaiserliche Loge mit Baldachin. Zeichnung von Arthur Max.
BILD RECHTS: Ein Plakat, das für „Wilde Tiere – 150 Tage Kämpfe" im Kolosseum wirbt. Entwurf von Jim Stanes für den Film.
BILD UNTEN: Maximus und seine Mitgladiatoren wählen die Helme aus, die sie im Kampf tragen werden.

49

SOLDAT, SENATOR, HERRSCHER, SKLAVE – ROLLENBESETZUNG

Die Römer, Herrscher, Legionäre, Sklaven, Senatoren und Barbarenhorden, die den Film *Gladiator* bevölkern, wurden durch eine umfangreiche internationale Rollenbesetzung zum Leben erweckt. Bei der Auswahl der Hauptrollen war Ridley Scott sehr stark beteiligt, die Aufsicht über die ganze riesige Besetzungsmaschinerie führte Casting-Director Louis Digaimo. In England kümmerten sich Kathleen Mackie und Stephanie Corsalini um die Besetzung, und für die Auswahl der Gladiatoren und der Statisten für die Massenszenen zeichnete Billy Dowd verantwortlich.

Für die Hauptrollen suchten Ridley Scott und die Produzenten nicht unbedingt Publikumsmagneten, sondern vielmehr Schauspieler, die die Persönlichkeiten und die Beziehungen in der Geschichte glaubhaft vermitteln konnten. Der Darsteller von Maximus musste die Stärke, Größe und Kraft haben, eine Heldenrolle auszufüllen; außerdem sollte er körperlich bei seinen Auftritten als Tribun und Gladiator überzeugend wirken. Das Porträt von Commodus sollte sich im subtilen Gleichgewicht zwischen Bosheit und emotionalem Aufruhr bewegen, er sollte auf keinen Fall ein normaler Bösewicht sein. Für Lucilla schließlich suchten die Filmemacher nicht nur eine schöne Schauspielerin mit königlichem Auftreten, sondern eine, die sowohl geistige Stärke als auch emotionale Verletzlichkeit zeigen konnte.

Einige wichtige Rollen in *Gladiator* wurden mit renommierten britischen Theater- und Bühnenveteranen besetzt, wie u. a. Richard Harris als Kaiser Marcus Aurelius, Derek Jacobi als Senator Gracchus, der inzwischen verstorbene Oliver Reed als Gladiatorentrainer Proximo und David Hemmings als Arena-Impresario Cassius. Russell Crowe nannte das Quartett lachend „unsere vier Apokalyptischen Reiter."

„Diese Schauspieler gehören einer Generation an, die einige der früheren Monumentalfilme aus erster Hand miterlebt hat, hauptsächlich Richard", schwärmt Ridley Scott. „Es war aufregend für mich, eine Gelegenheit zu haben, mit ihnen zusammenzuarbeiten, und noch interessanter, dass es ausgerechnet in diesem Genre war."

Russell Crowe als
MAXIMUS

Den Filmemachern war klar, dass der Darsteller von Maximus der Schlüssel zum Erfolg des ganzen Projekts war. „Es war uns sehr wichtig, einen Schauspieler zu finden, dem man die Grimmigkeit des großen Kriegers abnimmt, in dem man aber auch den Mann mit ehernen Prinzipien und starkem Charakter erkennen kann", bestätigt Douglas Wick. „Russells Name tauchte recht bald auf. Seine Intensität, Würde und totale Überzeugungskraft in jeder seiner Rollen ließ ihn zur ersten Wahl für uns alle werden."

Als Maximus nahm Crowe eine Herausforderung an, die sich von seiner oscarnominierten Rolle in dem Film *The Insider* völlig unterschied. „Vom dicklichen Naturwissenschaftler mittleren Alters verwandelte er sich zum Gladiator – nicht schlecht", scherzt Ridley Scott. „Mit anderen Worten, er ist ein echter Schauspieler. Russell hat eine unheimliche Art, eine Rolle zu verinnerlichen, und er hat natürlich eine starke körperliche Ausstrahlung, was eine perfekte Kombination für die Rolle war."

Crowe begann mit der Arbeit an seiner Rolle Monate bevor er auch nur ein Drehbuch zu Gesicht bekam. Er hatte ungefähr 45 Pfund Übergewicht, die er sich für *The Insider* angefressen hatte und die er jetzt abnehmen musste. Hierfür zog er sich auf seine Ranch in Australien zurück, wo er außen mit dem Vieh arbeitete, auf seine Ernährung achtete und ein anstrengendes Sportprogramm absolvierte, das in der Endphase auch ernsthaftes Training im Schwertkampf beinhaltete. Er war froh um jede Minute dieses Aufbautrainings, denn als die Dreharbeiten begannen, musste er fast täglich durch erschöpfende körperliche Strapazen im Kampf gegen Roms Feinde an den Grenzen, gegen wilde Tiere oder andere Gladiatoren in der Arena. „Ich denke nie wirklich über die täglichen Härten nach, die mich erwarten, bis ich mitten drin bin", so Crowe.

Für Crowe bot *Gladiator* die Aussicht, dabei zu helfen, ein Filmgenre wieder einzuführen, indem er mit einem Regisseur zusammenarbeitete, den er schon seit langem bewunderte: „Es war eine hervorragende Gelegenheit, mit einem der großen visuellen Künstler der Gegenwart zu arbeiten und einen Mann zu spielen, der eine außergewöhnliche Entwicklung durchmacht", erklärt er. „Maximus ist erst ein großer Tribun, dann wird er in Ketten gelegt und in die Sklaverei verkauft als Gladiator – eine gewisse Änderung, was den Lebensstil betrifft!", grinst Crowe. „Eine Weile

„Diese Epoche
fasziniert die Leute immer noch –
wenn man bedenkt,
was für erstaunliche Leistungen
im Römischen Reich
erbracht wurden,
und daneben diese
schreckliche Brutalität."

– RUSSELL CROWE –

lebt er nur dafür, vor dem neuen Herrscher zu stehen und sich zu rächen, aber er gerät in das Durcheinander der Tagespolitik und kann nicht anders als sich einzumischen. Mir fällt nichts Besseres ein als das: Er ist ein guter Mensch."

Connie Nielsen war auch von Lucillas Fähigkeit fasziniert, innerhalb des Sittenkodexes ihrer Zeit zu handeln: „Sie lebt in einer Zeit, in der Frauen keine Stimme hatten, zumindest nicht offiziell", meint sie. „Aber Lucilla ist die Tochter ihres Vaters und ist im Zentrum vieler politischer Intrigen aufgewachsen, deshalb ist sie ohne Zweifel in der Lage, alle Mittel, die ihr zur Verfügung stehen, zu nutzen, um zu überleben."

„In mancher Hinsicht liebt sie ihren Bruder, aber sie hat auch Angst vor ihm, und noch mehr fürchtet sie den Einfluss, den er auf ihren Sohn Lucius ausübt."

– CONNIE NIELSEN –

Connie Nielsen als
LUCILLA

Lucilla, die Tochter von Marcus Aurelius und Schwester des neuen Herrschers Commodus, wird von der in Dänemark geborenen Schauspielerin Connie Nielsen verkörpert. „Wir suchten lange nach einer passenden Akteurin für die Rolle der Lucilla", erinnert sich der Produzent Branko Lustig. „Als wir Connie sahen, wussten wir, dass wir sie gefunden hatten. Ich hatte das Gefühl, der jungen Sophia Loren in *Der Untergang des Römischen Reiches* zuzusehen. Sie ist eine wundervolle Schauspielerin und hat die Präsenz, die wir für Lucilla brauchten."

„Das Skript hat mich total gepackt", berichtet Nielsen. „Es enthält monumentale Elemente wie die Drehorte und die Schlachten, und trotzdem ist die Geschichte sehr intim, wie sie einen in das Beziehungsgeflecht zwischen den Menschen hineinzieht, speziell im Falle von Lucilla. Sie ist hin- und hergerissen zwischen den Ambitionen ihres Bruders und dem Willen von Maximus, mit dem sie eine gemeinsame Vergangenheit hat."

„Interessanterweise beschwören wir eine Geschichte zwischen Maximus und Lucilla herauf, die wir nie genauer erläutern", erzählt Ridley Scott. „Wir deuten an, dass es eine Romanze war, die schiefging, aber ich finde es gut, dass das, was genau zwischen den beiden ablief, im Dunkeln bleibt."

Joaquin Phoenix als
COMMODUS

Commodus ist der Mann, an dem sich Maximus rächen will. Nach dem Tod von Marcus Aurelius wird er Kaiser von Rom. Es war wichtig für das Drama, dass die Stärke von Maximus ein Gegengewicht bekommt durch den gleichen Umfang an Macht seines Gegenspielers, auch wenn das eine andere Art von Macht ist. Die Filmemacher fanden das, was sie suchten, in der ruhigen Intensität von Joaquin Phoenix.

Ridley Scott hatte früher schon mit Phoenix zusammengearbeitet, als er den Film *Clay Pigeons* produzierte, in dem Phoenix die Hauptrolle spielte. „Als wir ihm die Rolle anboten, war, glaube ich, keiner überraschter als Joaquin selbst", erzählt der Regisseur. „Er ist vielleicht körperlich nicht so imposant, wie man sich das für die Rolle vorstellen würde, aber er vermittelt das komplexe Innenleben des korrupten Herrschers auf sehr mutige Art und Weise. Er entblößt die Verletzlichkeit, die mit Commodus' Rücksichtslosigkeit einhergeht."

Der wechselhafte Charakter von Commodus war einer der reizvollen Aspekte für Phoenix, genauso wie die Möglichkeit der Zusammenarbeit mit Scott und einer erlesenen Gruppe von Schauspielern an einem Film von solcher Größe und solchem Unterhaltungswert. „Es hat mir großen Spaß gemacht, den Charakter von Commodus zu ergründen", sagt Phoenix. „Ich denke, am besten trifft auf ihn die Beschreibung eines verwöhnten Kindes zu. Er ist 19 Jahre alt, verfügt jedoch über eine unglaubliche Menge Macht – er durchlebt also alle Emotionen dieser Altersklasse, ohne die Unterweisung gehabt zu haben, die er brauchen würde, um mit der Macht richtig umzugehen. Er ist verletzlich und traurig im einen Moment und kriegt einen Wutanfall im nächsten. Er sehnt sich verzweifelt nach Liebe, aber ironischerweise bringen die Gladiatorenspiele, die er veranstaltet, um die Liebe der Massen zu gewinnen, seine Nemesis nach Rom."

„Es ist zwar ein Monumentalfilm, aber auch eine sehr persönlichkeitsbezogene Geschichte. Das macht das Ganze sehr spannend für mich."

– JOAQUIN PHOENIX –

Oliver Reed als
PROXIMO

Der Abspann des Films *Gladiator* enthält die Widmung „To Our Friend, Oliver Reed", denn der 61-jährige Schauspieler starb während den Dreharbeiten in Malta. Damit endete die Karriere eines Schauspielers, der für seine Trinkgelage und Schlägereien genauso bekannt war, wie für seine exzellenten schauspielerischen Leistungen, die er in unzähligen Filmen erbrachte. Reed hatte vor diesem erschütternden Ereignis, das sich zutrug, nachdem er die meisten, aber nicht alle seiner Szenen vollendet hatte, mit Humor und Enthusiasmus über die Arbeit für diese Produktion gesprochen.

Reeds Darstellung des harten und zynischen Gladiatorentrainers Proximo gehört zu den Höhepunkten des Films. Ein Kritiker schrieb, dass es eine besondere Freude war, zu sehen, wie Proximo die Augenbrauen hochzog, als er Maximus beim Kämpfen beobachtete. „Ich bin ein Gladiatorentrainer, der in der Vergangenheit selbst als Gladiator gekämpft und seine Freiheit zurückgewonnen hat", erklärt Reed. „Ich habe die Aufgabe herauszufinden, ob Maximus kämpfen kann, um ihn dann nach Rom zu bringen und in das große Spiel einzuführen. Proximo ist eine wunderbare Rolle – aber ehrlich gesagt, wenn man bei so etwas Großem mitmacht, muss man daran glauben, dass die Figur, die man spielt, mit allen anderen mithalten kann."

Reed recherchierte für seine Rolle, indem er sich Dokumentarfilme über die römische Zeit anschaute, „und zuallererst habe ich auf die Frisuren geachtet." Aber in erster Linie, sagt er, „ist ein Schauspieler eben

nur so gut wie das Skript, das er bekommt. Man kann sich alte Statuen und Gemälde von Pompeji ansehen, aber der Rest liegt im Drehbuch und in der Art, wie der Regisseur mit der Kamera umgeht."

Ironischerweise stirbt Proximo in einer der letzten Szenen des Films, nachdem er Maximus eine Chance gegeben hat zu entkommen. Reed, der sich bewundernd darüber geäußert hat, wie ausgereift die Technik von *Gladiator* ist, wäre wohl froh gewesen zu erfahren, dass die wenigen fehlenden Szenen in seiner Abschiedsvorstellung dank der Wunder der CGI-Technik ergänzt werden konnten.

> *„Gelegentlich kommt mal*
> *ein Filmemacher mit einer Idee,*
> *die mich interessiert –*
> *und das hier war natürlich*
> *eine dieser Gelegenheiten."*
>
> – OLIVER REED –

Derek Jacobi als
GRACCHUS

„Ich habe viele Togen getragen in meiner Zeit", erinnert sich der renommierte Schauspieler Derek Jacobi. Und jeder, der seine bahnbrechende Leistung in der Titelrolle des BBC-Films *Ich, Claudius* gesehen hat, weiß, dass kaum ein Schauspieler sie besser getragen hat. In *Gladiator* spielt er Gracchus, den „ziemlich vornehmen Senator", der fest entschlossen ist, die korrupte Herrschaft von Commodus zu beenden, auch wenn er damit sein Leben und das vieler anderer riskiert.

Nach einer langen brillanten Karriere auf Bühne und Leinwand, während der er viele Auszeichnungen erworben hat – unter anderem ist er in den Adelsstand erhoben worden – sieht Jacobi immer noch in jeder Rolle eine neue Herausforderung. Und, fügt er hinzu, „wenn Ridley Scott sagt, ,ich habe eine Rolle für dich in meinem Film', sagt man nicht nein, oder?". Jacobi mag den Kontrast zwischen der Theater- und der Filmarbeit, und er schätzt die massiven Anstrengungen, die erbracht wurden, um *Gladiator* so lebensnah wie möglich zu machen. „Im Gegensatz zur Bühne, wo man mit seiner Ungläubigkeit kämpfen muss, ist das hier fast Realität. Auf diese Größe des Ganzen stellt man sich mit seiner schauspielerischen Leistung ein.

Also erst einmal liebe ich diese Zeitperiode. Und dann gefällt mir auch, dass sich der Film mit Menschen

„Im Gegensatz zur Bühne, wo man mit seiner Ungläubigkeit kämpfen muss, ist das hier fast Realität. Auf diese Größe des Ganzen stellt man sich mit seiner schauspielerischen Leistung ein."

— DEREK JACOBI —

und ihren Beziehungen in dieser unglaublich spannenden Umgebung befasst. Die besten Monumentalfilme drehen sich meiner Meinung nach um Menschen. Schauen Sie sich zum Beispiel *Vom Winde verweht* an: Das sind Menschen in einer großartigen Saga, einer beeindruckenden Geschichte – so etwas ist spannend."

Außerdem machte es ihm großen Spaß, mit seinen britischen Landsleuten Richard Harris, Oliver Reed und David Hemmings zusammenzuarbeiten und sich zu amüsieren. „Wir hatten alle voneinander gehört, uns aber noch nie getroffen. Als wir uns hier begegneten, wurden wir irgendwie sofort Freunde. Wir haben uns fortwährend gegenseitig unterstützt und haben viel zusammen gelacht. Ich glaube, das verunsichert die amerikanischen Schauspieler manchmal, dass britische Schauspieler dauernd zusammen kichern und anscheinend alles so leicht nehmen. In Wirklichkeit nehmen wir alles genauso ernst, aber unser Humor bricht immer durch."

Djimon Hounsou als
JUBA

Nach seiner Verschleppung in die Sklaverei findet Maximus einen Freund und Kameraden in dem Numidier Juba, der auch Gefangener und Gladiator ist. Juba wird von dem jungen Schauspieler Djimon Hounsou dargestellt, der mit dem Umweg über Frankreich aus dem Senegal kommt. Er hatte in seiner ersten Hauptrolle als afrikanischer Gefangener Cinque in Steven Spielbergs *Amistad* einen großen Eindruck hinterlassen, daher ist es nicht verwunderlich, dass die Filmemacher von DreamWorks bei der Besetzung des Juba an ihn dachten.

Es ist für Schauspieler immer schwierig, nach einem spektakulären Debüt wie *Amistad* eine passende Folgerolle zu finden, und daran dachte auch Hounsou, als er eine Teilnahme an *Gladiator* erwog. Ihn störte die häufige Anspielung auf seine Rolle als Sklave in den früheren Versionen des Drehbuchs, deshalb arbeitete er mit den Autoren und Produzenten an einer breiteren Auslegung der Figur Juba.

Aber die Mitarbeit am Film habe ihm großen Spaß gemacht, erzählt er. „Das ist doch der Traum eines jeden Jungen, einmal einen Gladiator spielen zu dürfen, ein richtiger Kerl zu sein. Und wenn man sich diese Drehorte und Menschenmengen anschaut, ist das so realistisch, dass es leicht fällt, Emotionen zu zeigen und als Gladiator präsent zu sein – vor allem die ersten paar Male, wenn die Wagen hereinfahren und direkt auf einen zurasen – das ist beeindruckend!"

Juba und Maximus sind einander tief verbunden, da sie sich gegenseitig das Leben gerettet haben. Aber ihre Beziehung enthält auch eine spirituelle Komponente, die darauf gründet, dass in ihren jeweiligen

„Im Geiste ist er bei seinen Leuten, seine geliebte Familie ist dort und wartet auf ihn. Diese Fähigkeit, geistige Freiheit zu erringen, versucht er mit Maximus zu teilen."

– DJIMON HOUNSOU –

Kulturen an ein Leben nach dem Tod geglaubt wird. Juba überlebt sein Martyrium, indem er fest an eine Rückkehr zu seiner geliebten Familie glaubt, und es gelingt ihm, diesen Trost auch an Maximus weiterzugeben. „Juba ist ein sehr guter Kämpfer, das hilft ihm physisch am Leben zu bleiben, aber er weiß auch, wie er mental und spirituell überleben kann. Im Geiste ist er bei seinen Leuten, seine geliebte Familie ist dort und wartet auf ihn."

Richard Harris als
MARCUS AURELIUS

Der berühmte Schauspieler Richard Harris war die stärkste Verbindung zu den früheren Filmen über die Römerzeit. Anfang der 60er Jahre, als Anthony Mann die Besetzungsliste für *Der Untergang des Römischen Reiches* erstellte, sollte Harris eigentlich die Rolle des Commodus übernehmen. Marcus Aurelius wurde vom großen Alec Guinness gespielt. Aber der bekanntermaßen leicht aufbrausende Harris stritt sich „fürchterlich mit dem Regisseur... das Drehbuch wurde umgeschrieben, dann habe ich den Kram hingeschmissen." Christopher Plummer übernahm dann seine Rolle. Nun, 40 Jahre später, trat Harris die Rolle des kränkelnden Marcus Aurelius an und füllt sie mit seinem fragenden Gesicht und seiner markanten Stimme.

„Es war eine Wahnsinnsrolle für mich", erklärt Harris. „Marcus ist ein Mann in einer Krisensituation, er ringt mit Dämonen. Eigentlich war er ein Gelehrter und Philosoph, hat dann aber 16 seiner 20 Regierungsjahre damit verbracht, Schlachten zu kämpfen und Blut zu vergießen, um das Reich zu erweitern. Nun, als der Tod herannaht, stellt er fest, dass sein Leben eine Illusion war und dass er seine Kinder verdorben hat, vor allem Commodus."

In den letzten zehn Jahren hat Harris bei jedem Film geschworen, dass dieser sein letzter sei, aber als Ridley Scott ihn ansprach, konnte er nicht widerstehen. „Wenn man mit einem Mann wie Ridley arbeitet", erläutert Harris, „gibt man sich ganz in seine Hände." Harris saß oft mit Scott am Set, und der Regisseur erklärte ihm, mit welchen Techniken man heutzutage monumentale Action-Filme herstellt, wie man zum Beispiel – zur großen Verwunderung des Schauspielers – den Effekt eines riesigen Drehorts und unzähliger Statisten später am Computer noch vergrößern kann. „Ich bin immer noch ehrfürchtig, wenn ich an ein Filmset komme", sagt Harris, „besonders das hier ... diese Größe. Ich muss unwillkürlich denken, wie hast du das nur geschafft? Wie hast du das in deiner Vorstellungskraft so ordnen können?'"

BILD OBEN: Die Ruine einer Kasba im marokkanischen Tamdahkt.

BILD NÄCHSTE SEITE OBEN: Produktionsfoto einer nordafrikanischen Karawane.

BILD RECHTS: Ein Tor und eine Straße aus der Römerzeit in Volubilis, der westlichsten Römersiedlung in Nordafrika. Die gut erhaltene Ruine von Volubilis geht auf das erste Jahrhundert n. Chr. zurück. Sie umfasst ein Forum, einen Tempel, eine Basilika und einige Villen. Von einer der Villen ist noch ein kunstvolles Bodenmosaik erhalten. Volubilis und andere Provinzstädte wurden oft von ehemaligen Legionären regiert, deren Hauptaufgabe es war, die örtliche Bevölkerung zu kontrollieren. Fotos von Arthur Max.

ÜBERBLICK ÜBER EIN WELTREICH

Als die Handlung von *Gladiator* schließlich entwickelt war, erstreckte sie sich über einen beträchtlichen Teil des antiken Römischen Reiches, von den Wäldern Germaniens über die Wüsten Nordafrikas bis ins Zentrum Rom. Eine der frühesten logistischen Herausforderungen bestand darin, Plätze zu finden, an denen die Drehorte aufgebaut werden konnten.

Es war bald klar, dass die Filmproduktion reisen würde, und zwar recht viel. „Der Film ist natürlich sehr aufwändig", bemerkt Produzent Branko Lustig. „Aber wenn wir keine Außenaufnahmen gemacht hätten, sondern alles in Filmstudios in Los Angeles aufgebaut hätten, wäre er doppelt oder dreimal so teuer geworden."

Ursprünglich konzentrierten sich die Filmemacher darauf, Orte ausfindig zu machen, wo noch Ruinen aus der Römerzeit erhalten sind, um die Atmosphäre aufzusaugen und zu prüfen, ob sie sich als Drehort eignen würden. „Wir waren sechs Wochen lang im ganzen Römischen Reich unterwegs", erzählt der Produktions-Designer Arthur Max. „Wir haben alle noch existierenden Überreste in England, Frankreich, Italien, Osteuropa und Nordafrika angeschaut. Wir haben die Ruinen und die Museen besichtigt, um einen Eindruck der damaligen Atmosphäre zu bekommen.

Aber das Imperium war ein viel fantastischerer Ort, zumindest in unserer Vorstellung, als es beim Betrachten dieser Überreste erscheint. Der Zugang zu dem, was

vom wirklichen Rom übrig geblieben ist, ist sehr begrenzt. All diese Ruinen sind historische Denkmäler und dürfen nicht berührt werden. Sie waren sehr interessant als Hintergrundinformation, aber völlig unbrauchbar für unsere Zwecke, für die Stunt-Szenen zum Beispiel oder die Massenszenen. Deshalb machten wir uns auf die Suche nach einer lebendigen Welt, nicht einer archaischen Museumswelt."

Ihre Suche führte sie durch ganz Europa und den ganzen Mittelmeerraum. Die Aufnahme der Anfangssequenzen des Films, in denen eine Riesenschlacht zwischen römischen Legionären und germanischen Stämmen zu sehen ist, sollten nach Planung der Filmemacher erst bei einem Armeestützpunkt in der Nähe von Bratislava, der Hauptstadt der slowakischen Republik, gemacht werden. Bratislava liegt an der Donau und ist nicht weit weg von der Stelle, wo Marcus Aurelius und seine Legionen damals tatsächlich kämpften. Aber der Zeitplan wurde eng, der Winter rückte näher und die Sorge darüber machte sich breit, dass der viele Schnee in der Slowakei die Arbeit behindern könnte. Da hatte Ridley Scott die pragmatische Idee, die Produktionsodyssee näher am Zuhause zu beginnen, in der Nähe von London genauer gesagt. Scott beschreibt es so: „Ich stellte mir vor, wir beginnen einen großen Film, und transportieren die ganze Produktion in die Slowakei, um zwischen Kiefern zu sein ... also, da können wir doch genauso gut in England zwischen Kiefern sein und uns diesen schrecklichen ersten Monat sparen, wo jeder sich über das Hotel aufregt und sich um seine Wäsche sorgt, während wir versuchen, dieses massive Ding in Gang zu bringen." Also wurden die germanischen Sequenzen schließlich in einem Wald bei Farnham in der Grafschaft Surrey gedreht.

Nachdem Maximus in die Sklaverei geraten ist, wird er in Ketten nach Nordafrika gebracht, wo Proximo seine potenziellen neuen Gladiatoren kauft, um sie für den Kampf in einer kleinen Provinzarena zu trainieren. Um diese Szenen zu filmen, reiste die Produktion nach Ouarzazate in Marokko. „Ridley kannte diese Stelle von der Drehortsuche für frühere Filme", so Arthur Max, „und dieser Ort war wirklich zauberhaft. Ich meine, echt exotisch und romantisch. Es handelt sich um eine alte Zitadellenstadt mit dem

„Wir waren sechs Wochen lang im ganzen Römischen Reich unterwegs. Wir haben alle noch existierenden Überreste in England, Frankreich, Italien, Osteuropa und Nordafrika angeschaut. Wir haben die Ruinen und die Museen besichtigt, um einen Eindruck der damaligen Atmosphäre zu bekommen."

– PRODUKTIONS-DESIGNER ARTHUR MAX –

BILD OBEN: Die antike Kasba und Zitadelle Ait Ben Haddou in Marokko, wo die meisten der Nordafrika-Szenen gedreht wurden. Fotopanorama von Arthur Max.
BILD UNTEN: Der Wald von Farnham in England, der zum Drehort für die Schlacht gegen die Germanen wurde. Foto von John Nelson.

Atlasgebirge im Hintergrund und Marokkos ältester Kasba in der Nähe."

Und dann schließlich Rom. Ein früherer Film von Ridley, *White Squall – Reißende Strömung* hatte ihn nach Malta geführt. Die Inselrepublik Malta befindet sich im zentralen Mittelmeer und ist südlich von Sizilien und östlich von Tunesien gelegen. Auch als „Festungsinsel" bekannt, besitzt Malta präphönizische Ruinen, die bis zu 6.000 Jahre alt sind. Im Jahre 218 v. Chr. wurde es Teil des Römischen Imperiums. Auf seiner letzten Reise waren Scott die Überreste des historischen Forts Ricasoli aufgefallen, das im 17. Jh. als spanisches Fort errichtet und später von Napoleons einmarschierenden Truppen in eine Militärbarracke verwandelt wurde. Arthur Max begleitete Scott bei der Besichtigung des Forts, und beide waren sich einig, dass hier der ideale Platz war, das Zentrum des Alten Roms mit dem großartigen Kolosseum wieder aufleben zu lassen.

ROM WURDE NICHT AN EINEM TAG WIEDERAUFGEBAUT

Dadurch, dass die Produktion von *Gladiator* drei Jahreszeiten und vier Länder einschließen sollte, wurden die Filmemacher mir einer Unzahl von logistischen Problemen konfrontiert. Branko Lustig meint dazu: „In vielerlei Hinsicht kam es uns so vor, als drehten wir vier unterschiedliche Filme, da wir die Arbeit von vier separaten Mannschaften koordinieren mussten, einer in London, einer in Malta, einer in Marokko und einem zentralen Team, das von Drehort zu Drehort reiste."

Echtheit wurde zum Kennzeichen der gesamten Produktion, obwohl Scott fest entschlossen war, dass *Gladiator* nicht als Seite aus einem Geschichtsbuch betrachtet werden sollte. „Über das Römische Imperium ist sehr viel geschrieben worden, aber die Frage ist, was davon akkurat und was nur Vermutungen sind. Für mich hatte Priorität, dass wir dem Geist der damaligen Zeit treu blieben, aber uns nicht notwendigerweise an die Fakten halten mussten. Wir sind schließlich Filmemacher und keine Archäologen."

Und Scott fährt fort: „Das Allerwichtigste, wenn man eine solche Herausforderung annimmt, ist die Auswahl der Leute, mit denen man zusammenarbeitet. Man hat bei so einem großen Projekt keine andere Chance als zu delegieren. Ich hatte die besten Bereichsleiter – Leute, die hingefahren sind, sich das angesehen haben, Dinge erledigt oder recherchiert haben. Ich wusste, dass ich mich auf ihre Fähigkeit, die Welt zu erschaffen, in der sich unsere Geschichte entfalten sollte, verlassen konnte; und sie haben außergewöhnlich gute Arbeit geleistet."

Bei der Erschaffung der Welt von *Gladiator* war Produktionsdesigner Arthur Max die rechte Hand von Ridley Scott, er übernahm die Verantwortung für die Konzeption und die Überwachung der gesamten visuellen Seite des Films. Max hatte diese Aufgabe für Scott bereits bei *Die Akte Jane* übernommen, er war auch der Produktionsdesigner von David Finchers düsterem

BILD LINKS: *Frühling* von Lawrence Alma-Tadema (1894), freundlicherweise zur Verfügung gestellt vom J. Paul Getty Museum. Das Gemälde stellt eine Prozession von Bediensteten des Floratempels dar, die das römische Fest Cerealia feiern. Die Bilder von Alma-Tadema waren eine wichtige Informationsquelle für die Produktion von *Gladiator* und dienten auch als Inspiration für Cecile B. DeMilles *Cleopatra* (1934) und andere Filme.

BILD OBEN: Proximos provinzielle Gladiatorenschule in Marokko.
BILD LINKS: Früher Morgen auf dem Drehort des römischen Marktplatzes in Malta. Foto von John Nelson.

Thriller *Sieben*. Bevor er Produktionsdesigner wurde, arbeitete Max als Art-Director für Nicholas Roegs *Insignificance – Die verflixte Nacht* und Hugh Hudsons *Revolution* und als Assistent des Art-Directors für das Polit-Liebesdrama *Cal*.

„Mein Hauptproblem", so Max, „lag darin, wie ich die Riesigkeit erreichen sollte, die dieser Film erforderte. Ich meine nicht nur die Größe der Stadt Rom oder des Kolosseums, sondern wie sollte ich einen Eindruck der Ausdehnung des Imperiums, das zu Rom gehörte, vermitteln? Bei dieser Produktion", lächelt er, „spielte Größe eine entscheidende Rolle."

Aufgrund der weit auseinanderliegenden Drehorte erschien die Arbeit an dem Film „wirklich wie der Versuch, das Produktionsdesign von vier Filmen gleichzeitig zu entwerfen." Max engagierte erfahrene Art-Directoren, die separate Abteilungen für Produktionsdesign an den größeren Drehort leiteten, während er zwischen allen hin- und herreiste. Jede Abteilung hatte ihre eigene Mannschaft an Dekorateuren, Stylisten, Requisiteuren, Bauarbeitern, Leuten, die sich um die Kostüme kümmerten und vielen mehr. „Worauf ich am meisten stolz bin bei dieser Produktion, ist die unglaublich gute Zusammenarbeit von meinen Leuten und die Art, wie sie mein Design umgesetzt haben", sagt Max.

Aber Max' Arbeit begann lange Zeit vor Produktionsbeginn. Er bewältigte Berge von Recherchematerial und führte unzählige Gespräche mit Scott, um für jede Einzelheit das Aussehen zu erreichen, das sie sich vorgestellt hatten. „Wir hatten eine überwältigende Menge an Informationen. Das Problem bestand darin, zu selektieren und zu entdecken, was relevant ist für die Unternehmung und was frisch und neu ist." Eine wichtige Quelle der visuellen Inspiration für Max und Scott waren Gemälde. „Wir begannen, Bilder an der Wand zu befestigen, griffen nach jeder Information und jedem Bild und collagierten uns irgendwie vorwärts", erinnert sich Max. „Das stimulierte unsere Gespräche und half uns, die Richtung zu finden, die wir einschlagen wollten.

Wir versuchten, *Gladiator* einen Hauch Zerfall des Römischen Reiches zu geben – Größe, aber gleichzeitig auch Korruption und Niedergang. Um das zu erreichen beschäftigten wir uns nicht so sehr mit dem historisch-wissenschaftlichen Ansatz, sondern mehr mit den Darstellungen Roms von bestimmten Malern des 19. Jahrhunderts – klassische Romantiker, die ein exotisches Bild von Rom zeichneten, mehr, wie es ihrer Wunschvorstellung entsprach und weniger der Realität. Wir bemühten uns, relativ geschichtstreu zu sein, andererseits wollten wir unseren Stoff auch visuell dramatisieren, ihn so spannend, reichhaltig und barock wie möglich machen. Und so ist das eine sehr eklektische Interpretation des Römischen Imperiums geworden."

Es gab nicht nur vier separate Drehorte für *Gladiator*, sondern an jedem dieser Orte wurden die Ausstattung, Requisiten und Kostüme speziell für den Film angefertigt. „Alles, was zu sehen ist, haben wir selbst gemacht", berichtet Branko Lustig. „Ausleihen wäre unerschwinglich teuer gewesen oder die Sachen waren gar nicht erhältlich. Also haben wir unsere Kostüme, Waffen und Rüstungen selbst angefertigt, die Wagen und Fuhrwerke selbst hergestellt und die Gebäude selbst gebaut beziehungsweise an vorhandene Strukturen angebaut wie in Malta."

BILD OBEN: Produktionsdesigner Arthur
Max auf dem Set in Malta. Foto von
Sylvain Despretz.
BILD LINKS: Konzeptskizze des römischen
Sets von Ridley Scott.
BILD UNTEN LINKS: Am Rom-Set eine
Reiterstatue von Marcus Aurelius, die
von John Robinson für den Film
hergestellt wurde. Foto von John Nelson.
BILD UNTEN RECHTS: Antiker römischer
Torbogen, Architekturskizze von Adam
O'Neill.

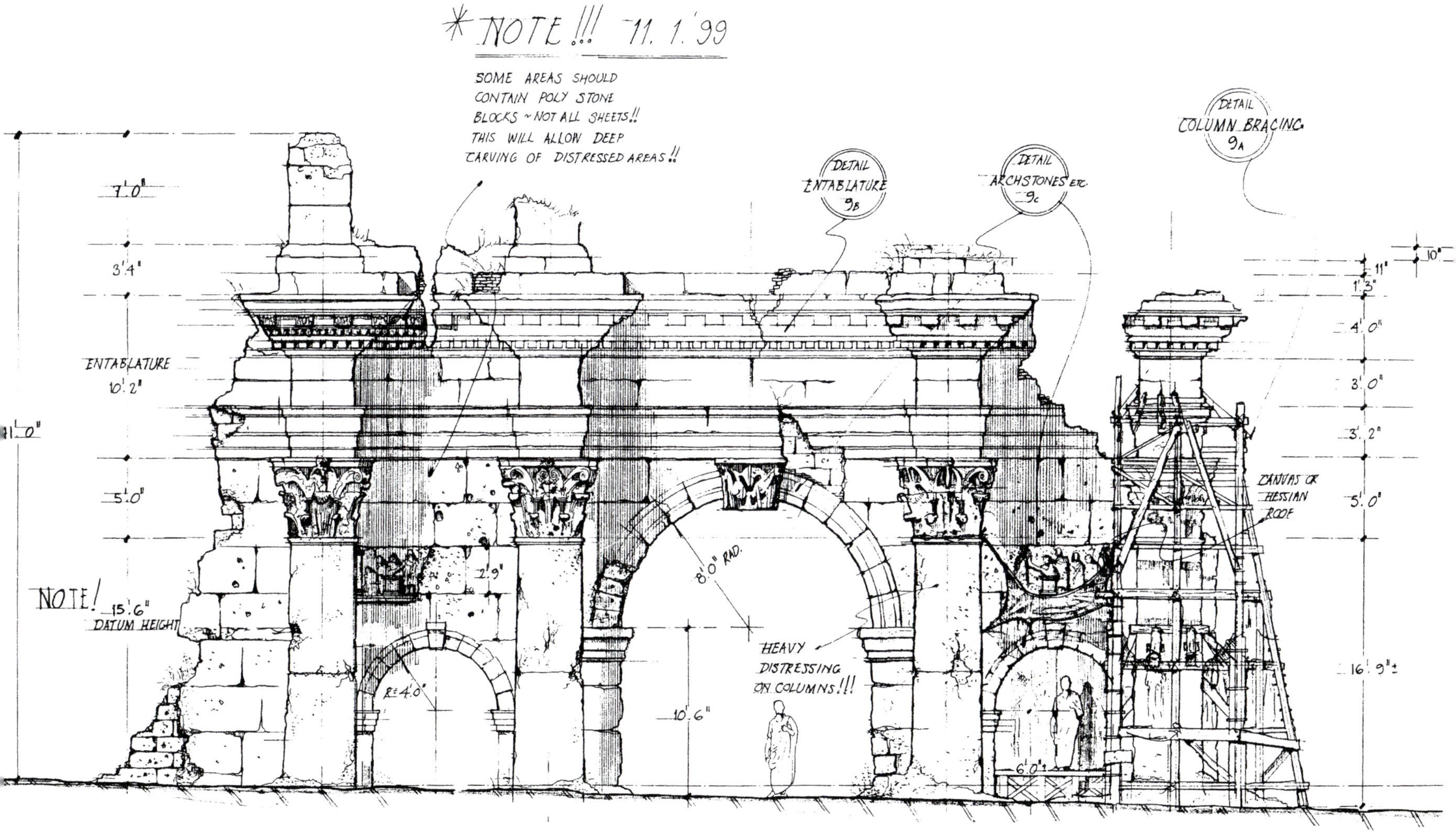

*NOTE!!! 11. 1. '99

SOME AREAS SHOULD
CONTAIN POLY STONE
BLOCKS ~ NOT ALL SHEETS!!
THIS WILL ALLON DEEP
CARVING OF DISTRESSED AREAS!!

DETAIL
COLUMN BRACING
9A

DETAIL
ENTABLATURE
9B

DETAIL
ARCHSTONES ETC.
9C

7' 0"

3' 4"

ENTABLATURE
10' 2"

1' 0"

5' 0"

NOTE!
15' 6"
DATUM HEIGHT

RE 4' 0"

2' 9"

8' 0" RAD.

HEAVY
DISTRESSING
ON COLUMNS!!!

10' 6"

6' 0"

CANVAS OR
HESSIAN
ROOF

10"

1' 3"

11"

4' 0"

3' 0"

3' 2"

5' 0"

16' 9"±

GERMANIEN (ENGLAND)

Die eigentlichen Filmaufnahmen für *Gladiator* begannen in einem Waldstück bei Farnham in England, das für Germanien herhalten musste. (Die Germanen setzten sich aus einer riesigen Meute nord- und osteuropäischer Stämme zusammen, die alle den römischen Besetzern gegenüber feindlich eingestellt waren.) Diese Serie von Außenaufnahmen war in jeder Hinsicht eine Herausforderung an die Produktion: schwieriges Terrain, winterliches Wetter, Tausende von Statisten, die trainiert, kostümiert und ausgerüstet werden mussten, historische Waffen, die hergestellt werden mussten, ein ausgedehntes Schlachtpanorama, das es zu choreografieren und aufzunehmen galt, und um noch eines draufzusetzen, ein Großbrand, bei dem ein guter Teil des Waldes abbrannte.

Die Römer waren durch ihre ausgefeilten Kriegstechniken den barbarischen Feinden gegenüber im Vorteil. Bei der Vorbereitung des Films wurden keine Kosten und Mühen gescheut, eine möglichst ähnliche Kriegsmaschinerie zu entwerfen und herzustellen, wie sie die Legionen verwendet hatten. Bevor in der Schlacht gegen die Germanen die Infanterie vorrückt, schießen Tausende von Bogenschützen brennende Pfeile los, und die Artillerie katapultiert irdene Gefäße, die mit Öl gefüllt sind, von einer riesigen Schleuder. Noch während die Ölgefäße durch die Luft fliegen, feuern gigantische mechanische Armbrüste, so genannte „Skorpione", brennende Bolzen ab, die die Gefäße zerschlagen und damit auf die schreckensstarren Feinde Feuer regnen lassen – und natürlich einen Waldbrand verursachen. Letzteres war kein Problem, denn ein Grund, warum die Filmemacher den Wald bei Farnham ausgewählt hatten, war, dass sie erfahren hatten, dass die englische Forstverwaltung einen Teil des Waldes (Bourne Woods) ohnehin abholzen wollte. „Also sagte ich zu ihnen: ‚Das mache ich, ich brenne ihn runter.'", erinnert sich Ridley Scott. „Und sie sagten: ‚Gut.'"

Arthur Max erzählt: „Unsere größte Herausforderung war, all diese spezielle Ausrüstung herzustellen. Fast alles mussten wir ganz neu anfertigen, und es sollte ja funktionieren. Die andere Schwierigkeit war das Wetter: Mitten im Winter, auf einem schlammigen Boden voller Löcher versuchten wir bei horizontal peitschendem Eisregen unsere Ausstattung aufzubauen, anzumalen und auf antik zu trimmen. „Und das", fügt er trocken hinzu, „war alles andere als einfach!"

In der Schlacht stürzen sich 5.000 Legionäre auf gut 10.000 Germanen. Obwohl nicht ganz so viele am Film beteiligt waren, wurden doch mit mehreren tausend Statisten und Stuntmännern viele Meter hervorragender Schlachtszenen gedreht, im Nachhinein wurde ihre Anzahl noch per Computer erhöht. Eine zusätzliche kleine Armee an Kostümbildnern, Waffenmeistern, Kampftrainern, Visagisten, Friseuren und Prothesentechnikern arbeitete daran, dass die Kämpfenden überzeugend ausgestattet, bewaffnet und im Schwert- und Speerkampf trainiert waren, später verdreckt, blutig und verstümmelt wirkten, je nachdem wie es die Handlung erforderte. Diverse Tierpfleger waren damit beschäftigt, dafür zu sorgen, dass der dramatische Kavallerieangriff, der von Maximus angeführt wird, zwar atemberaubend aussieht, aber den Pferden dabei kein Schaden zugefügt wurde.

Als mit den Aufnahmen begonnen wurde, spielte auch das Wetter wunderbar mit. „Ich hatte das Schlimmste erwartet", sagt Scott, „das übliche englische Wetter: Schnee, Regen, Dreck, Schlamm ... Aber einen ganzen Monat lang, während wir drehten, hatte

BILD OBEN: Die römischen Legionen und die Kriegsmaschinerie (oben ganz links sind Katapulte zu sehen) werden für die Schlacht vorbereitet.
BILD UNTEN: Schnee (echter und Spezialeffekte) fällt während der Schlacht gegen die Germanen.

ich tolles Wetter: Mäßig kalt, vielleicht 10 Grad, kalt genug, dass man den Atemhauch sah, nicht zu viel Regen, super Boden, und wir kamen blitzschnell voran."

Ein Zwischenfall, der sich in Farnham ereignete, überzeugte Russell Crowe davon, dass *Gladiator* ein besonderes Karma hatte: Im Drehbuch ist eine Stelle, wo Tribun Maximus, kurz bevor er seine Legionen in die Schlacht führt, zum Himmel aufsieht, die Winterluft einatmet und Schnee vorhersagt. Crowe fand es nicht unbedingt nachvollziehbar, dass sich Maximus in solch einer angespannten Situation fürs Wetter interessiert, obwohl die Filmemacher natürlich Schnee herstellen konnten, wann immer er benötigt würde. Aber dann begann zehn Minuten vor der ersten Aufnahme der Schlachtszene, für deren Vorbereitung sie mehrere Tage gebraucht hatten, wahrhaftig Schnee zu fallen in dem Wald in Surrey. „Und so war Max nicht nur ein großer Tribun, sondern der erste verlässliche Wetterprophet der Geschichte", erzählt Crowe lachend, und er fährt fort: „Ich meine, so etwas ist Magie, das passiert sonst niemals, aber bei diesem Film ist es dauernd vorgekommen."

BILD DOPPELSEITE: Angriff der Felix-
Kavallerie, Produktionszeichnung
von Sylvain Despretz.
BILD OBEN: Ein Foto derselben
Szene, wie sie gefilmt wurde, kom-
plett mit Explosion und Flammen
(Spezialeffekte).

NUMIDIEN (MAROKKO)

Von England aus reiste das Filmteam nach Ouarzazate in Marokko, wo es die perfekten Bedingungen vorfand, um den Marktplatz aufzubauen, auf dem Maximus verkauft wird, sowie Proximos Gladiatorenschule und die kleine Arena, in der Maximus und Juba ihre ersten Gladiatorenkämpfe austragen. Etwas außerhalb von Ouarzazate befindet sich die älteste Kasbah der Welt, die mindestens 500 Jahre alt ist und deren Fundamente möglicherweise noch aus der Römerzeit stammen.

„In mancher Hinsicht hat Marokko sich selbst entworfen", staunt Arthur Max. „Man kommt über einen Berg, und schon ist man in einer anderen Zeit. Es war außergewöhnliches Glück, dass wir diese antike Kasba gefunden haben, und praktischerweise befand sich am Fuße der Stadt ein freies Feld, wo die dortigen Leute immer Fußball spielen. Das war der ideale Platz, um eine kleine provinzielle Arena aufzubauen, wo unser Held ins Gladiatorenleben eingeführt wird."

Das neue Amphitheater sollte sich von der antiken Architektur, die es umgab, nicht unterscheiden. Daher verwendete das Konstruktionsteam unter der Leitung des spanischen Art-Directors Benjamin Fernandez nur einheimische Materialien und Methoden, die schon über Generationen hinweg angewandt worden waren, um die benötigten 30.000 Lehmziegel für das Bauwerk herzustellen. „Die Ziegel wurden aus einfachem Schlamm hergestellt, der mit Stroh vermischt, in eine Form gepresst und in der Sonne getrocknet wurde", erklärt Max. „Als die Arena in die Landschaft hineinwuchs, sah sie aus, als wäre sie schon seit Jahrhunderten hier."

Das Team beschäftigte auch einheimische Bürger als Statisten in der Arena oder auf dem Basar, wo Sklaven und Tiere verkauft wurden. Passend zur Szenerie zeigten die wettergegerbten Gesichter der Marokkaner mit keiner Regung, dass sie ins 20. Jahrhundert zurückkehrten, wenn Ridley Scott „Cut!" rief.

Drei Ansichten der Provinzarena
von Ait Ben Haddou:
BILD OBEN: Eine Konzeptzeichnung von Benjamin Fernandez.
BILD LINKS: Beim Bau.
BILD RECHTS: Bei der Aufnahme
der Kettenkampf-Szene.

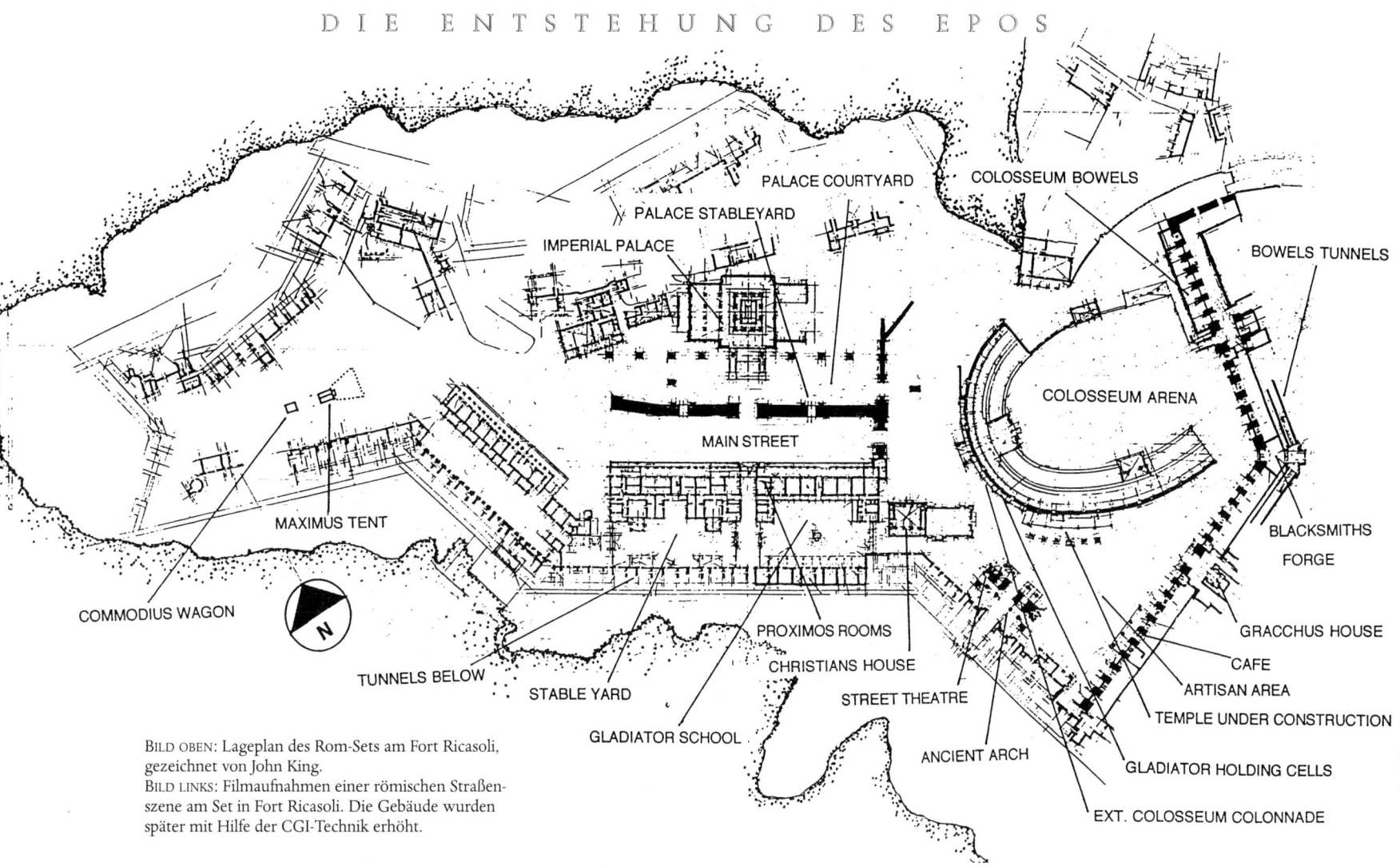

PALACE COURTYARD
COLOSSEUM BOWELS
PALACE STABLEYARD
IMPERIAL PALACE
BOWELS TUNNELS
COLOSSEUM ARENA
MAIN STREET
MAXIMUS TENT
BLACKSMITHS FORGE
COMMODIUS WAGON
N
GRACCHUS HOUSE
CAFE
TUNNELS BELOW
PROXIMOS ROOMS
ARTISAN AREA
STABLE YARD
CHRISTIANS HOUSE
TEMPLE UNDER CONSTRUCTION
STREET THEATRE
GLADIATOR SCHOOL
ANCIENT ARCH
GLADIATOR HOLDING CELLS
EXT. COLOSSEUM COLONNADE

BILD OBEN: Lageplan des Rom-Sets am Fort Ricasoli, gezeichnet von John King.
BILD LINKS: Filmaufnahmen einer römischen Straßenszene am Set in Fort Ricasoli. Die Gebäude wurden später mit Hilfe der CGI-Technik erhöht.

ROM (MALTA)

Auf der „Festungsinsel" Malta wartete die allergrößte Herausforderung auf das Filmteam: der Aufbau Roms, des geografischen und politischen Mittelpunkts des Imperiums. Der Aufbau sollte das Stadtzentrum einschließlich des Forums und des Kolosseums umfassen. Arthur Max hatte einen wertvollen Vorsprung, was die Recherche für diesen essentiellen Teil der Produktion betraf: „Ich hatte den Vorteil, dass ich schon in Rom gelebt und gearbeitet habe. Ich habe einen Teil meiner Architekturausbildung dort gemacht. Also kannte ich die entsprechenden Örtlichkeiten aus erster Hand."

Max begleitete Scott bei der Besichtigung von Port Mifisalfi, des Drehortes auf Malta, das die ausgedehnte verlassene Kaserne von Fort Ricasoli einschließt. Scott erinnert sich: „Ursprünglich war es eine englische Kaserne aus dem Jahre 1803. Es ist ein ausgedehnter Komplex im romanischen Stil aus schönem gelbem Kalkstein. Riesige gewölbte Mauern, innen hohl, mit Geschützstellungen für riesige Kanonen. Ich

spreche von großer Architektur, die der auf Malta häufige Wind und Sandsturm hübsch hat altern lassen. So sah es wie das Alte Rom aus.

Außerdem gab es einen riesigen Truppenübungsplatz", so Scott, „der perfekt für unser Kolosseum passte. Arthur und ich dachten uns, dass die vorhandenen Gebäude bereits einiges abdecken würden und wir, wenn wir unsere Bauten zwischen die bereits vorhandenen einfügten, ein fantastisches Puzzle erhalten würden." So geschah es auch, und die vorhandenen Strukturen machten ungefähr die Hälfte der Stadt aus, wie sie im Film zu sehen ist.

Außer dem Kolosseum befanden sich in Fort Ricasoli die Drehorte für den Kaiserpalast, das Forum, das Vorzimmer des Senats, den römischen Marktplatz und die Residenz von Senator Gracchus. Ridley Scott schätzt, dass er durch die vorhandenen Strukturen in Fort Ricasoli vorneweg fünf Millionen Dollar an Produktionskosten eingespart hat.

Wie bereits erwähnt, verwendete Scott Gemälde, um die Stimmung des Umfeldes zu erfassen, das er kreieren wollte. Andere Einflüsse auf sein Bild von Rom waren die modernistische Architektur von Hugh Ferriss und die beklemmenden Manifestationen der

Macht von Naziarchitekten wie Albert Speer mit ihrem imperialen Gepräge. „Ridley konzipierte Rom eindeutig als New York der damaligen Zeit, eine überwältigende Umgebung und ein Monument seiner selbst", meint John Nelson, der für die visuellen Effekte verantwortlich war.

Max beschreibt, wie das endgültige Konzept für den Rom-Drehort entstanden ist: „Wir fotografierten die Anlage und maßen sie aus, dann bauten wir ein großes Modell von allen vorhandenen Gebäuden der Anlage in Blockform – ziemlich grob, einfach, um eine Vorstellung zu bekommen, was alles da ist. Dann bastelten wir zusätzliche Gebäude in Blockform: Mauerteile, Häuser, ein paar Tempel, die grundlegenden Baukastenteile, die man für ein antikes Rom braucht. Mit einer Miniaturvideokamera filmten wir sie aus allen möglichen Perspektiven und erstellten Videoprints.

In einem nächsten Schritt zeichneten wir die einzelnen Elemente detailliert, wie sie im Film aussehen sollten, auf, wofür wir Zeichnungen von Produktionsillustrator Denis Rich verwendeten. Als wir mit diesen Konzepten zufrieden waren und sie hin und her jongliert hatten, gingen wir schließlich zu den technischen Zeichnungen über, die als Bauvorlagen dienen sollten. Als letzte Maßnahme gaben wir die Zeichnungen in den Computer ein und druckten sie als dreidimensionale Wiedergaben aus, die bestimmte Perspektiven zeigten und das, was wir durch die Kamera sehen würden inklusive Licht, Schatten und Farben. Letzteres machten wir teilweise auch, um nachzusehen, ob wir genug handfestes Set hatten, auf das wir nach den Aufnahmen per Computertechnik würden aufbauen können."

Während einer Zeitspanne von 19 Wochen arbeiteten über 100 britische Techniker und 200 maltesische Handwerker hart daran, den Drehort aufzubauen und das Rom der Antike über das Malta des 19. Jahrhunderts zu stülpen. Ihre Bemühungen wurden dauernd von starken Winden und Stürmen beeinträchtigt – es soll der schlimmste Winter gewesen sein, den Malta seit 30 Jahren erlebt hat. Um die 600 Tonnen Gips wurden verbraucht, wie Max sich erinnert. Die Filmleute verbrauchten die ganzen Vorräte an Gips und Sperrholz in Malta und mussten es schließlich einführen lassen. „Manchmal konnten die Schiffe, die Ausrüstung oder Vorräte herbrachten, wegen der Stürme nicht anlegen."

BILD RECHTS: Der römische Marktplatz mit Port Mifisalfi im Hintergrund. Im Vordergrund ist die gigantische Fuß-Skulptur von John Robinson zu sehen, die die Produktion benötigte, um ein riesiges Standbild von Kaiser Nero zu zeigen.

DAS KOLOSSEUM

Die gewaltigste Herausforderung an die Produktion war der Nachbau des Kolosseums, des größten architektonischen Ausdrucks römischer Macht und immer noch das beeindruckendste von Roms überlebenden Monumenten. Die Filmemacher vertieften sich in Geschichte, Architektur und Technik, um sich für diese Aufgabe zu rüsten.

Das Kolosseum ist das geräumigste von allen antiken Amphitheatern, die eine einzigartige römische Bauform darstellten, für die zwei Theater an ihren offenen Enden zusammengefügt wurden, so dass das Publikum vollständig von einer elliptischen Arena umgeben wurde, die mit Sand gefüllt war, um das Blut zu absorbieren. Direkte Nachfolgemodelle der römischen Arenen sind die spanischen Stierkampfarenen, wovon die Filmemacher einige als potentielle Drehorte besichtigten. Amphitheater wie das Kolosseum wurden speziell für blutige Sportarten gebaut, denen vorher in Zirkussen, Foren und anderen öffentlichen Gebäuden gefrönt wurde, bis diese sich als zu gefährlich für die Zuschauer herausstellten – in einem Fall sollen Elefanten in die Menschenmenge getrampelt sein. Als das Kolosseum gebaut wurde, achtete man darauf, dass die untersten Zuschauerränge hoch genug über dem Gemetzel waren, die Tiere wurden in sichere Kellerzellen eingesperrt.

Rom hatte seit der frühen Kaiserzeit ein paar kleinere Amphitheater besessen, aber keines wie dieses. Der Bau des Kolosseums wurde 70 n. Chr. von Kaiser Vespasian begonnen, sein Sohn Titus weihte es etwa zehn Jahre später feierlich ein. Es entstand auf dem Gelände eines ehemaligen Sees am Fuße des Esquilinischen Hügels, der zu Neros Goldenem Haus, einem prachtvollen Palast- und Parkkomplex, gehört hatte. Der Name „Kolosseum" leitet sich von einer kolossalen Statue Neros her, die einst in der Nähe gestanden hatte. (Im Film sieht man nur den Fuß davon.) Dieses Amphitheater war ein extravagantes Geschenk des Kaisers an das römische Volk. Nero gab damit einen Teil des zentral gelegenen Grundstücks, das er für seinen Privatbedarf beschlagnahmt hatte, der Öffentlichkeit zurück. Es ist kein Zufall, dass der Bau eines so wundersamen Gebäudes in nur zehn Jahren der neuen flavischen Dynastie dazu verhalf, das Volk mächtig zu beeindrucken.

Neros Rom war übersät mit künstlichen Seen, die er anlegen ließ, um einer seiner liebsten Vergnügungen nachzugehen: dem Ausrichten von gestellten Seeschlachten. Da das Kolosseum auf einem zugeschütte-

ten natürlichen See gebaut wurde, musste man ein ausgeklügeltes Entwässerungssystem entwerfen. Manche Historiker gehen davon aus (andere widersprechen dem allerdings), dass in der Anfangszeit die Arena des Kolosseums gelegentlich geflutet wurde, damit solche Seeschlachten inszeniert werden konnten. Wie auch immer, nachdem der nächste Kaiser, Domitian, ein unterirdisches Netz an Gängen hatte bauen lassen, war so etwas nicht mehr möglich. Übrigens hat man dank der riesigen Abwasserrohre sehr interessante archäologische Funde darüber gemacht, was die römischen Zuschauer getragen, mit zu den Spielen gebracht und dort gegessen haben.

Das Kolosseum war ein absolutes Wunder an Design, Konstruktion und Technik für seine Zeit oder überhaupt irgendeine Zeit. Die meisterhaft geplanten Bögen der Römer und die Erfindung einer hochentwickelten Betonwandkonstruktion machten es möglich, dass das Kolosseum stolze vier Stockwerke hochragte. Die unteren drei Etagen sind eine Serie von riesigen gestapelten Arkaden, jede mit einer anderen Säulenart der griechischen „Ordnung" versehen, von unten gesehen erst ionische, dann dorische und schließlich korinthische Säulen. Diese Säulen sind rein dekorativ, die tragenden Elemente sind die massiven Stützpfeiler der Rundbogen. Das oberste Stockwerk ist keine Arkade, sondern eine glatte Wand, verziert mit eckigen Säulen (Pilastern) und herausragenden Konsolen, die die Masten stützten, an denen man das Velarium befestigte, ein riesiges Sonnensegel, das über die Zuschauer gespannt wurde, damit sie im Schatten waren. Die Außenfassade des Kolosseums war mit Travertin verkleidet, wovon tonnenweise mit Pferde-

BILD LETZTE DOPPELSEITE: Die Außenseite des Kolosseums im Bau. Das Filmteam baute nur einen Teil der untersten Stufe maßstabgerecht nach. Von außen ist das echte Kolosseum eine riesige Ellipse und misst 188 auf 156 Meter. Die Arena allein misst 86 auf 54 Meter.
BILD RECHTS: Eine Aufriss-Zeichnung des Haupttores vom Kolosseum, gezeichnet von Peter Russell.
BILD LINKS: Baustadien des Kolosseum-Sets, von Fort Ricasoli aus gesehen. Da das Grundstück abschüssig war, musste das Team erst ein Fundament bauen, das den Boden um ca. 1,80 Meter anhob und das mit Kies und Steinschotter aufgefüllt und mit Sand bedeckt wurde. Fotos von Helen Xenopoulos.

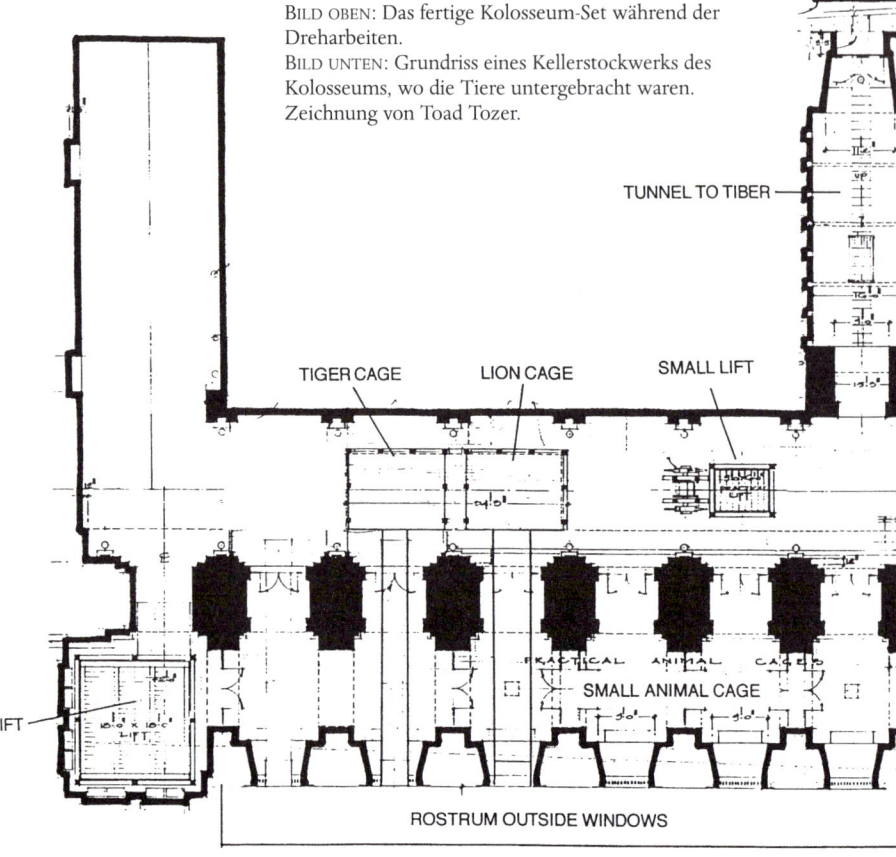

BILD OBEN: Das fertige Kolosseum-Set während der Dreharbeiten.
BILD UNTEN: Grundriss eines Kellerstockwerks des Kolosseums, wo die Tiere untergebracht waren. Zeichnung von Toad Tozer.

„Wir begannen damit,
Stierkampfarenen zu besichtigen,
denn diese sind archetypische
Abbildungen der antiken römischen
Arenen. Aber die meisten, die wir
fanden, waren nutzlos für uns,
da sie zu klein waren.
Sie hatten nicht den Maßstab, den
das echte Kolosseum hatte."

– ARTHUR MAX –

TUNNEL TO TIBER

TIGER CAGE   LION CAGE   SMALL LIFT

MAIN LIFT

SMALL ANIMAL CAGE

ROSTRUM OUTSIDE WINDOWS

wagen aus weit entfernten Steinbrüchen herantransportiert wurde. Die Arkaden waren voll mit Statuen und die Durchgänge üppig vergoldet.

Die innere Struktur ist nicht weniger beeindruckend mit ihren vier Rängen an Sitzreihen, die jeweils versetzt waren, und dem komplexen System von Gängen und Treppen. Es war so konzipiert, dass die Zuschauer durch einen bestimmten Eingang hineinkamen, dann wurden sie durch ein Gewirr von Gängen und Treppen geleitet und kamen genau bei dem vorgesehenen Sitzbereich heraus. Von allen Sitzen konnte man gut auf die Arena hinuntersehen – eine Leistung, die moderne Stadionarchitekten nicht immer erreichen! Der Gewölbebau war ein anderer architektonischer Durchbruch der Römer, der im ganzen Kolosseum in Tonnengewölben zu finden war, die sich in Kreuzgewölben schnitten.

Unter dem Holzboden der Arena befand sich ein verstecktes, trüb beleuchtetes Labyrinth von Gängen, Schächten, handbetriebenen Aufzügen, Vorbereitungsräumen für Kulissen und Requisiten und Zellen für Gladiatoren, Opfer und Tiere. Rampen führten nach oben zu zwei Hauptportalen: Auf der einen der beiden Längsseiten des Amphitheaters war ein Eingang – das Tor des Lebens – und auf der anderen ein Ausgang – das Tor des Todes. Andere Eingänge waren Falltüren im Arenaboden, zum Beispiel die für die wilden Tiere. Deren Zellen waren clevererweise in zwei Ebenen konzipiert. Wenn das Spektakel begann, hoben Sklaven die Tiere in oben offenen Käfigen von der unteren auf die obere Ebene, die eine Öffnung auf eine Rampe hinaus hatte. Das verzweifelte Tier rannte auf der Suche nach Freiheit die Rampe hinauf, direkt durch die Falltür in die Arena, um zu töten oder getötet zu werden.

In der näheren Umgebung des Kolosseums gab es mindestens ein Trainingslager für Gladiatoren sowie Waffenschmiede, Kulissenläden, ein Krankenhaus für die Verwundeten und eine Beerdingungsgrube, wo Leichen, sowohl menschliche als auch tierische, hineingeworfen wurden. An Spieltagen war die ebenerdige Arkade des Kolosseums bevölkert von Buchmachern und Händlern, die alles verkauften vom Imbiss über Programme, Sitzkissen bis hin zu Gladiatorpuppen (die Actionhelden ihrer Zeit). Innen arbeiteten Hundertschaften daran, dass das Spektakel lief und die Zuschauermassen sich wohl fühlten: Im Keller schufteten die Sklaven, auf der Tribüne boten Händler

BILD UNTEN: Maximus steigt die Rampe zur Arena hinauf.

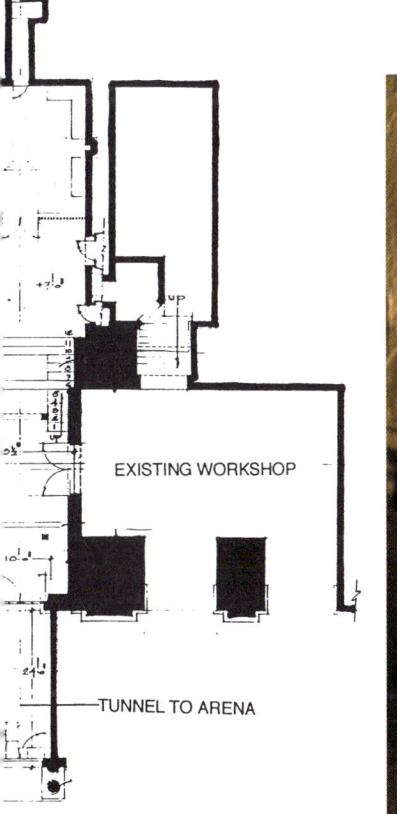

EXISTING WORKSHOP

TUNNEL TO ARENA

BILD OBEN LINKS: Ridley Scott mit einem Modell des Kolosseums, das der leitende Requisiteur Roland Stevenson gebaut hat.

BILD OBEN RECHTS: Außen- und Innenansichten des Kolosseums für CGI-Studien. Storyboardzeichnungen von Sylvain Despretz.

BILD RECHTS: Digitalfoto einer Luftaufnahme, die mit VFX-Technik erstellt wurde. Sie zeigt die Stadt von oben und das Kolosseum mit 33.000 Computergenerierten Zuschauern auf der Tribüne. Foto von Mill Film Ltd.

BILD UNTEN: Aufriss vom Inneren des Kolosseums, gezeichnet von Peter Russell.

ENTRANCE ARCH DTL ① MAIN ARCH IS·NTS·

·SENATE B°

·ELEVATION· ⒷⒷ·

BILD OBEN: Blick auf die Rückseite des Kolosseums von der Stadtmauer von Fort Ricasoli aus (Vordergrund). Dazwischen sieht man den Marktplatz und einen Tempel, der gerade aufgebaut wird. Oben auf dem Kolosseum sind die Sonnensegel zu sehen, die im Film als Velarien verwendet wurden. Foto von Sylvain Despretz.

Waren feil, Wärter versprühten parfümiertes Wasser, um den Blutgeruch zu überdecken, und Takelmeister öffneten und schlossen die Velarien; Schiedsrichter überwachten die Wettkämpfe, und die *Incitatoren* (Anfeuerer) in der Manege schwangen Peitschen oder heiße Eisen, um ihren Befehlen „Schlag zu!" oder „Töte ihn!" Nachdruck zu verleihen.

Im Vorfeld des Projekts diskutierten die Filmemacher, wie sie das Kolosseum auf die Leinwand bringen könnten. Würde man einen entsprechenden Ort finden? Müsste man das ganze Amphitheater vollständig aufbauen? Müsste man es ganz mit CGI-Technik simulieren? Oder eine Kombination aus all dem? Arthur Max beschreibt die Vorgehensweise: „Wir begannen damit, Stierkampfarenen zu besichtigen, denn diese sind archetypische Abbildungen der antiken römischen Arenen. Aber die meisten, die wir fanden, waren nutzlos für uns, da sie zu klein waren. Sie hatten nicht den Maßstab, den das echte Kolosseum hatte. Deshalb entschieden wir uns dafür, einen Ausschnitt der Arena maßstabgerecht nachzubauen und ihn dann per Computergrafik zu ergänzen.

Von da an ging es darum, mit Hilfe von Bauklötzen Modelle zu basteln, um daraus ein Design zu erarbeiten. Als wir das hatten, vergrößerten wir es maßstabgerecht auf dem Papier. Der anschließende Prozess bestand daraus, unsere maßstäblichen Zeichnungen in den Computer zu übertragen und dreidimensionale Darstellungen aus verschiedenen Perspektiven daraus zu generieren. Auf diese Weise konnten wir herausar-

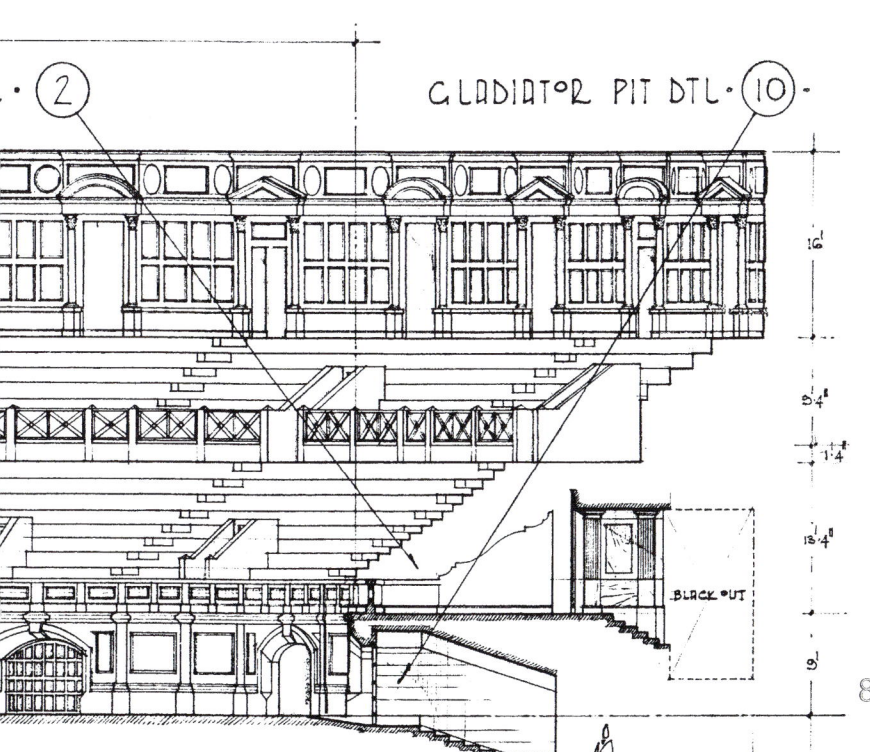

GLADIATOR PIT DTL

87

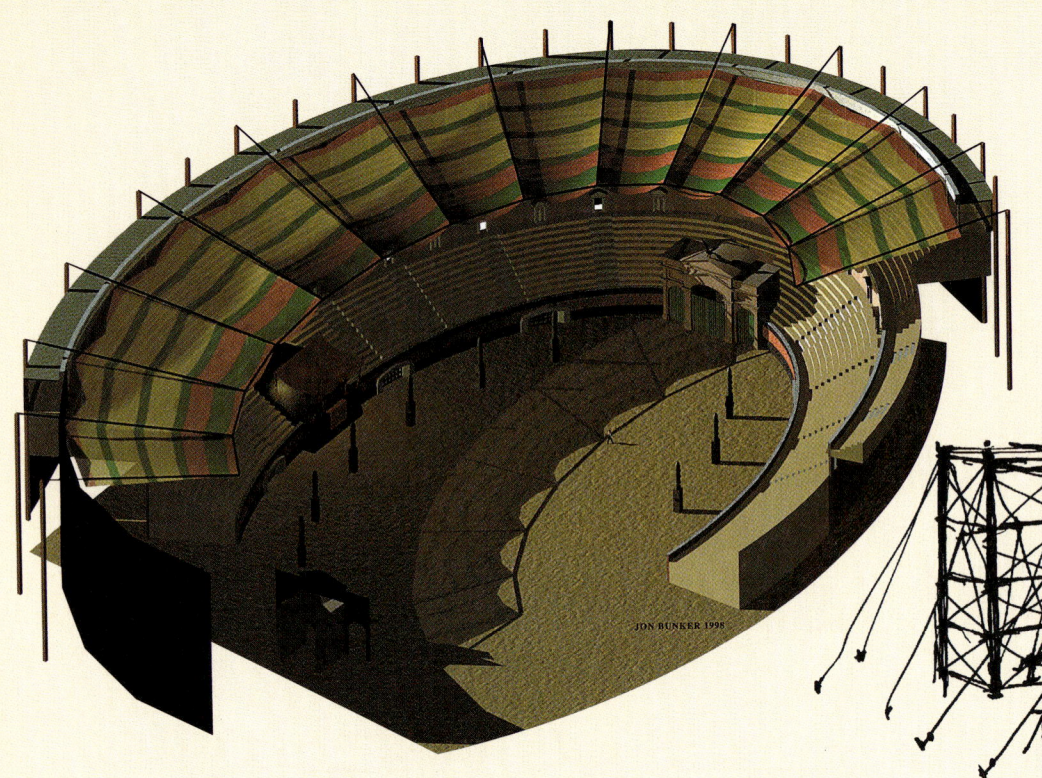

BILD LINKS: Eine Computerstudie von Jon Bunker, die den Schattenwurf der Velarien im Kolosseum simuliert. Bild unten: Konzeptionszeichnung von Arthur Max, die Set und Velarien zeigt.
BILD GANZ UNTEN: Statisten, die als Zuschauer im Kolosseum unter den Velarien sitzen. Man beachte die aus Pappe ausgeschnittenen Figuren, die die Menge auffüllen sollen. Foto von Sylvain Despretz.

„SONNENSEGEL SIND VORHANDEN"

Eine antike Werbung für Spiele in Pompeji versprach Gladiatorenkämpfe, eine „wilde Tierjagd" und den zusätzlichen Komfort eines Sonnensegels, das die Zuschauer vor der mediterranen Sonne schützen sollte. Wie andere Amphitheater, so bot auch das Kolosseum seinen Zuschauern solch einen Schattenspender, der „Velarium" genannt wurde, und wie alles andere am Kolosseum wohl auch riesig groß war. In der römischen Literatur finden sich viele Anspielungen auf das Velarium, und das Kolosseum selbst zeugt noch davon mit den Steinkonsolen, die sein oberstes Stockwerk umgeben. Jede dieser Konsolen hielt einen langen Mast, der aus Stabilitätsgründen durch ein Loch im obersten Gesims geführt wurde und an dem das Segel befestigt war. Keiner weiß genau, wie das Velarium konstruiert war und wie die Takelage funktionierte, aber die meisten Wissenschaftler gehen davon aus, dass das Velarium vom Gesims aus von Matrosen bedient wurde, die im nahegelegenen Hafen Ostia angeworben wurden.

Die Nachbildung des Velariums und des Schattenspiels, das es auf das Stadion warf, stellte eine Schlüsselaufgabe für die Filmemacher dar. Gérômes Gemälde *Pollice Verso* vor Augen stellte sich Ridley Scott ein unruhiges Zusammenspiel aus Licht und Schatten vor, das sich sowohl auf dem echten als auch dem per CGI-Technik erstellten Teil der Arena und des Publikums abzeichnen sollte. „Alle waren sich einig, dass ein praktikables Velarium die beste Lösung sei, um den entsprechenden Schatten auf dem bruchstückhaften Kolosseum-Set hervorzurufen", meint VFX-Chef John Nelson. Also wurde ein echtes Sonnensegel konstruiert, wovon später eine CGI-Version erstellt wurde, um die endgültige Gesamtsicht auf die Arena für den Film zu vervollständigen. Auf Anweisungen von Scott oder Kinematograph John Mathieson konnten Terry Needham und sein Team das Segel über einen Mechanismus aus Rollen und Tauen vor- oder zurückziehen.

Mathieson berichtet: „Das Design aus Stahl und hartem PVC ist von den Segelmachern und Bautechnikern, die den Millennium Dome in London gebaut haben. Wir hatten um die 17 trapezförmige Segel, die wir über die Sitzreihen ziehen konnten. Diese warfen Schatten, unterbrochen von Lichtstreifen an den Stellen, wo sich die Segel nicht berührten. Zu bestimmten Tageszeiten verwandelten sich die Lichtbänder in Staubsäulen, wenn die Pferde durch die Arena jagten, manchmal sah es aus wie in einer Kathedrale. Ich finde, es machte viel aus für die Wirkung der Kämpfe – es war wie ein großer Scheinwerfer direkt auf die Gladiatoren gerichtet. Alle anderen sitzen im Schatten und schauen auf das, was in der Sonne vor sich geht. So wirkte es mehr wie Theater als wie Sport."

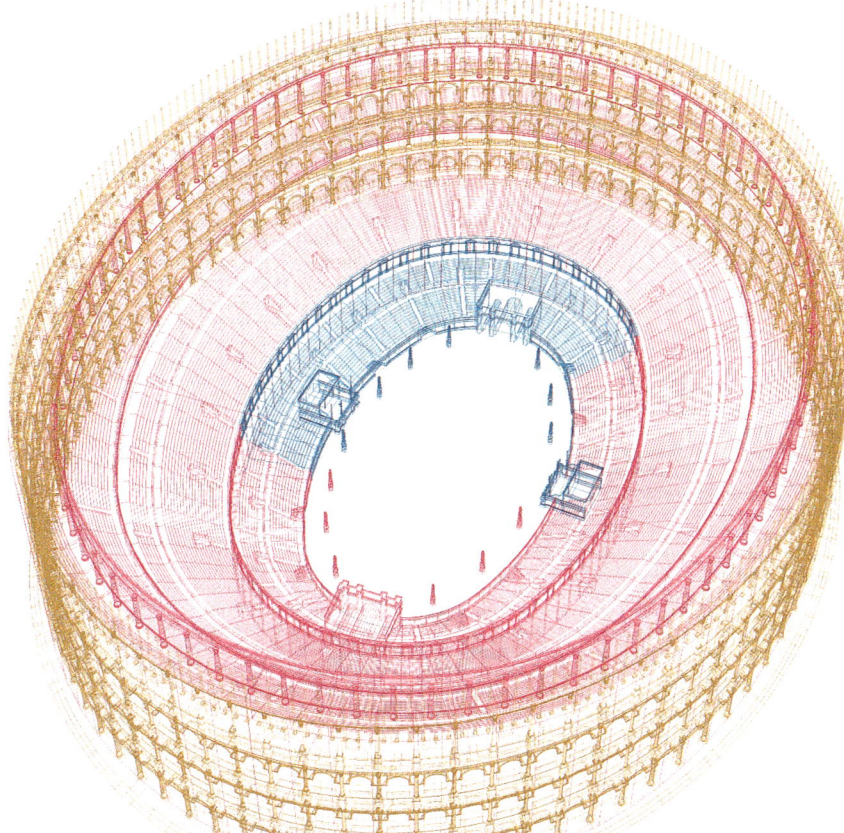

beiten, wie viel Set wir wirklich aufbauen mussten, was das Minimum war, um damit zurechtzukommen. Und schließlich erstellten wir die Baupläne und bauten das Set."

Max' Konstruktionsteam baute ein ca. 16 Meter hohes Fragment des ersten Ranges, das ungefähr ein Drittel des Originalumfangs des Kolosseums umfasste. „Es ist nur ein Bruchteil des Originals, aber, wie wir finden, recht akkurat im Detail", erklärt er. Sie führten auch das Innere des Kolosseums aus, einschließlich eines primitiven, aber ausgeklügelten Liftsystems, womit die Gladiatoren aufs Schlachtfeld gehievt wurden, und sie stellten das Eingangstor zur Arena her. Der Rest des Kolosseums entstand durch CGI-Technik, um die sich John Nelson, der Zuständige für visuelle Effekte, und die Mill Film Ltd. in London kümmerten (siehe Seite 116). Bevölkert wurde das Kolosseum mit 2.000 Statisten, die man im Film an der Seite von 33.000 Computer-generierten Zuschauern johlen sehen kann.

BILD OBEN: Computer-generierte Zeichnung einer Luftansicht des Kolosseums. In Blau sind die Teile des Sets, die wirklich gebaut wurden (inklusive der Valerien). Der Rest wurde per CGI-Technik ergänzt.
BILD RECHTS: Digitale „Vorher-/Nachher"-Fotos, die einen engen Abschnitt der Hauptstraße des Rom-Sets zeigen. Im oberen Foto sind die existierenden Gebäude und das teilweise errichtete Kolosseum zu sehen, unten die fertige Aufnahme, nachdem sie mit CGI-Technik bearbeitet wurde. Fotos: Mill Film Ltd.

BILD OBEN LINKS: In einem römischen Zelt in Germanien.
BILD OBEN: Eine Senatorenloge im Kolosseum, gezeichnet von Cliff Robinson.
BILD OBEN RECHTS: Im Kaiserpalast.

DIE AUSSTATTUNG DER DREHORTE

Die großen Action-Szenen in *Gladiator* wechseln sich ab mit intimeren Innenszenen, die in römischen Zelten in Germanien, in Proximos Trainingslager in Afrika und Rom und im Kaiserpalast in Rom stattfinden.

Das Team, das mit dem Produktionsdesign betraut war, kümmerte sich darum, dass die Vorstellungen des Regisseurs bei der Gestaltung des Sets, der Ausstattung und der Requisiten konsequent realisiert wurden. Jede Einzelheit im Leben der Gladiatoren ist rau, hart und ungemütlich. Die Atmosphäre in den Zelten von Marcus Aurelius' Feldzug ist streng militärisch mit einem Anflug von Wärme und Luxus. Und die Inneneinrichtungen im kaiserlichen Rom sind maßlos, barock und unglaublich luxuriös – wie die hochfliegenden Vorstellungen vom Römischen Reich, die Ridley Scott von den Malern übernommen hatte, die er mit Arthur Max zusammen studiert hatte.

Diese Sets wurden alle richtig aufgebaut und ausgestattet, und wenn möglich wurde bei natürlicher Beleuchtung gedreht. Dadurch wirkten sie völlig integriert in die Außenszenen, die am gleichen Drehort gefilmt wurden. Ridley Scott vermied bewusst den Eindruck von Studio-Aufnahmen. Proximos Gladia-

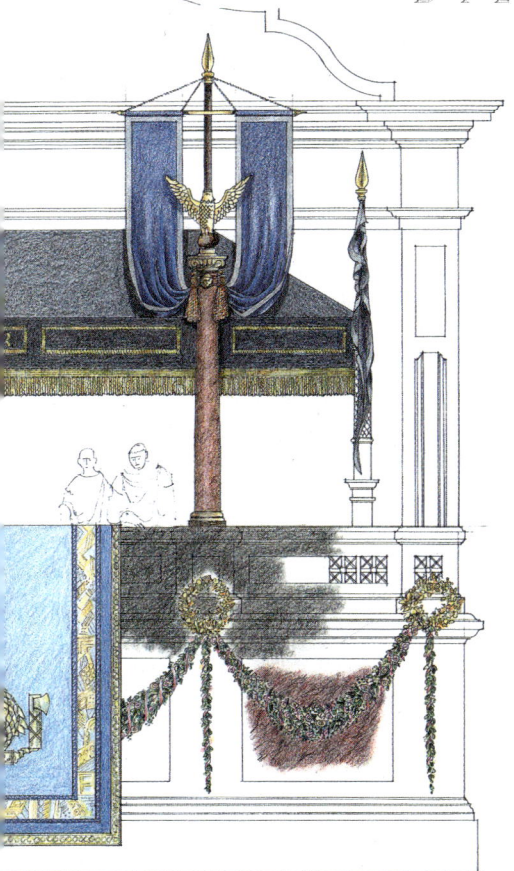

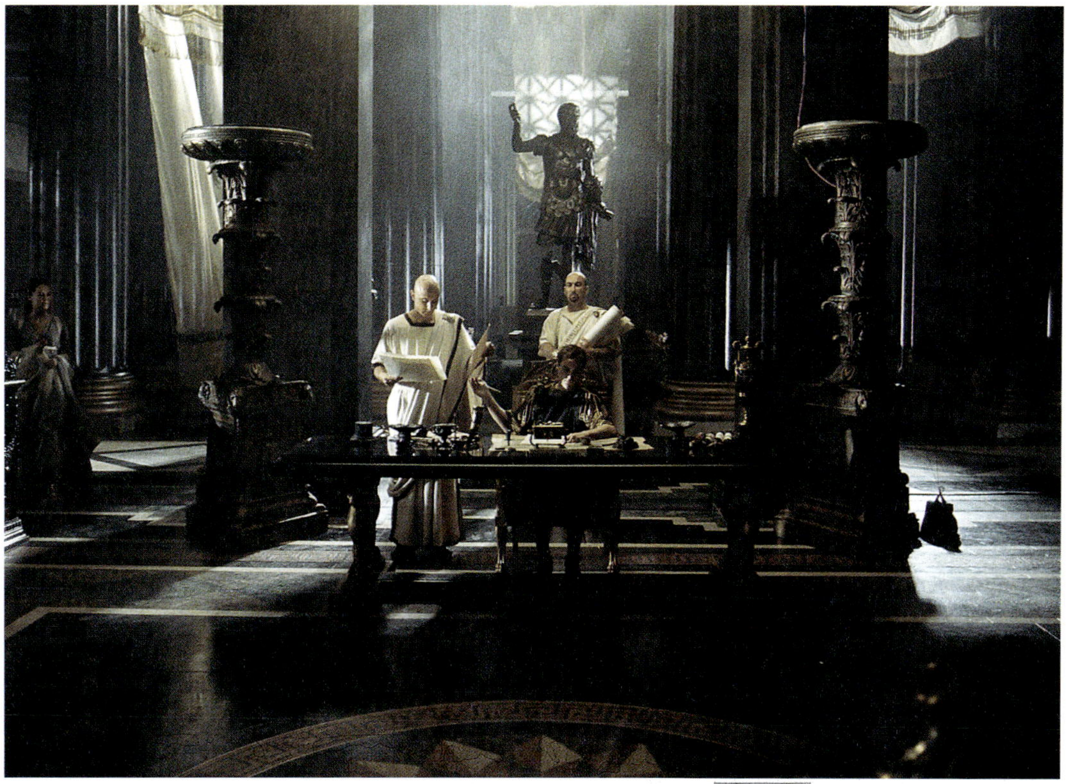

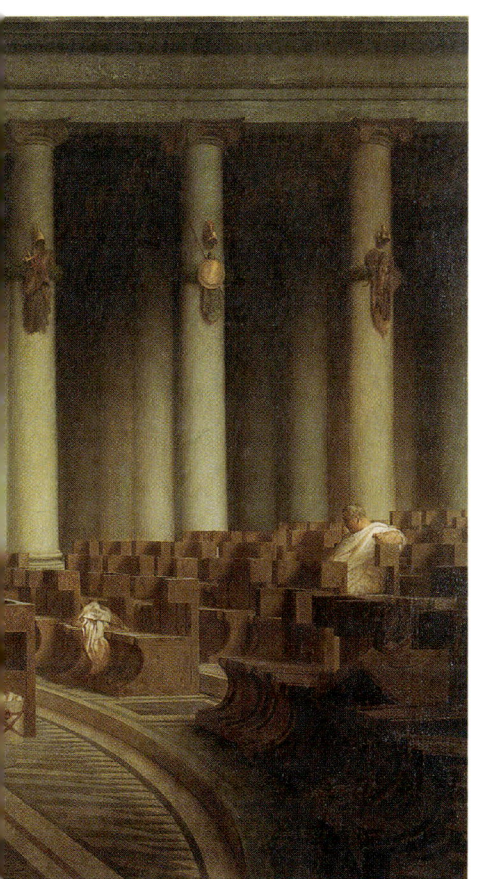

BILD UNTEN: *Cäsars Tod* von Jean-Léon Gérôme (1859), eines der Gemälde, das als Informationsmaterial für die Inneneinrichtungen von Gladiator diente. Mit freundlicher Genehmigung der Walters Art Gallery, Baltimore.
BILD UNTEN RECHTS: Bodenmosaike im Kaiserpalast. Layout von Arthur Max.

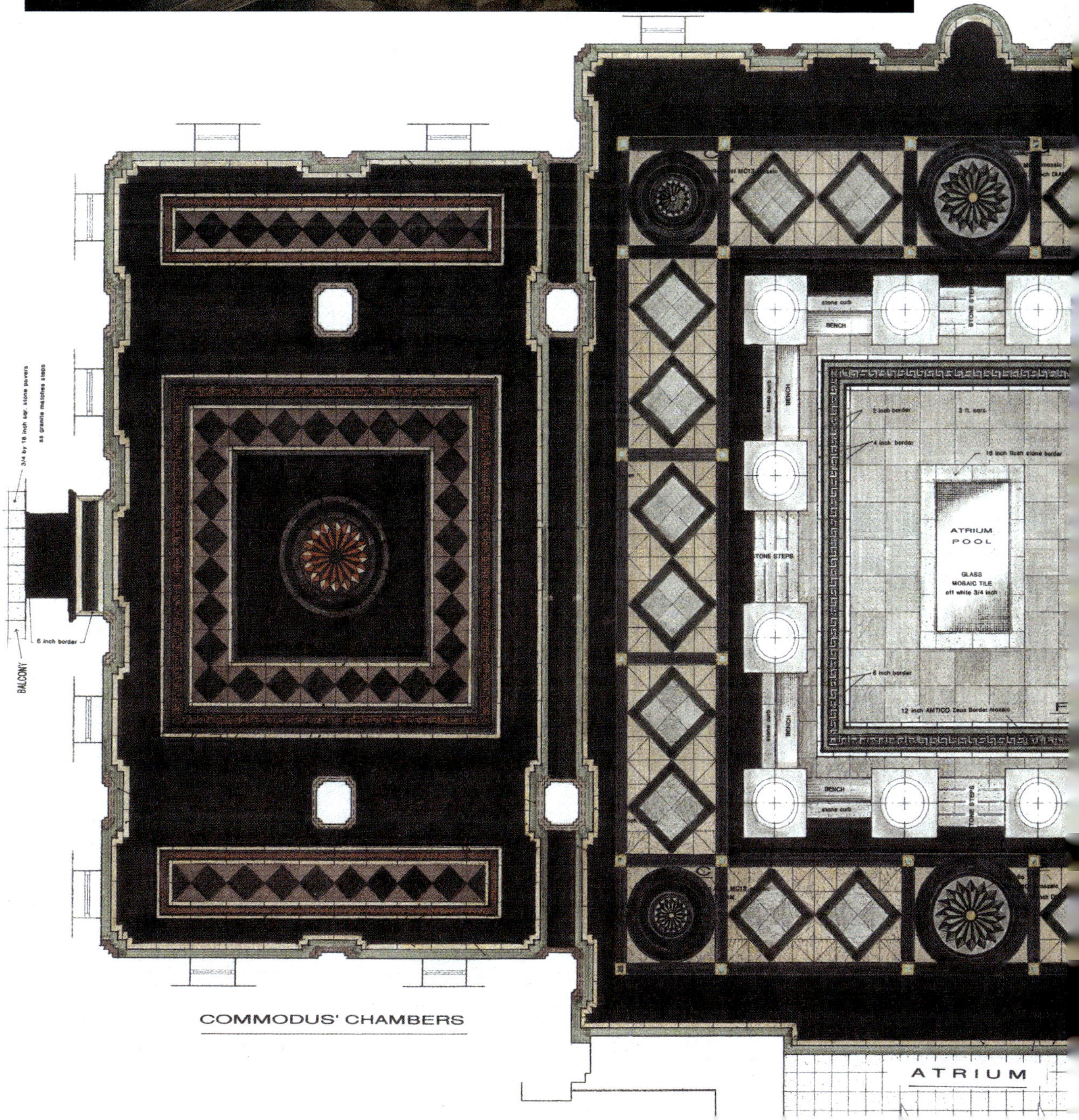
BALCONY
STONE STEPS
BENCH
ATRIUM
POOL
COMMODUS' CHAMBERS
ATRIUM

torenschule wurde zum Beispiel in eines der verfallenen Festungsgebäude auf Malta eingebaut. Das Filmteam renovierte eingefallene Decken und entfernte Fenster- und Türrahmen, so dass die Kamera bei bestimmten Perspektiven direkt nach außen auf andere Teile des Drehortes gerichtet ist. Ebenso um die Wirkung realistischer zu gestalten, wurden die römischen Zelte im Freien im englischen Wald Bourne Woods aufgeschlagen, so dass man die Zeltwände wackeln und die Kerzen flackern sieht, und das im echten Winterwind.

Die kostspieligen und leicht bedrohlich wirkenden Interieurs von Commodus' Palast in Rom basieren hauptsächlich auf Gemälden von Lawrence Alma-Tadema.

Wie Arthur Max erzählt, war der englische Künstler des späten 19. Jahrhunderts selbst so besessen davon, das antike Rom wieder aufleben zu lassen, dass er extra Requisiten wie Bronzeleuchter oder Marmorsessel anfertigen ließ, um Szenen nachzustellen. Viele Details des Palastes im Film wie Säulen, Bodenmosaike oder die hohen verschnörkelten Kohlebecken sind seinen Gemälden nachempfunden. Die Filmemacher wollten Commodus jedoch mit einer bedrohlichen Aura der Finsternis umgeben, deshalb wählten sie anstelle von Alma-Tademas Pastelltönen eine düsterere Kombination aus Schwarz, Gold, Dunkelrot und Dunkelgrün. Wie üblich in römischen Häusern hat auch der Palast im Film ein Atrium, das mit natürlichem Licht beleuchtet wird, worauf sich Scott bei den dortigen Szenen fast vollständig verließ.

Den kunstvollen Mosaikboden in Commodus' Räumen produzierte eine renommierte englische Fabrik nach Max' Plänen aus Linoleum und in speziellen nicht standardisierten Farben. Die Linoleumfliesen wurden in 140 Kisten nach Malta verschifft, begleitet von Fliesenlegern, die Wochen damit verbrachten, das Puzzle zusammenzustückeln. Die Idee

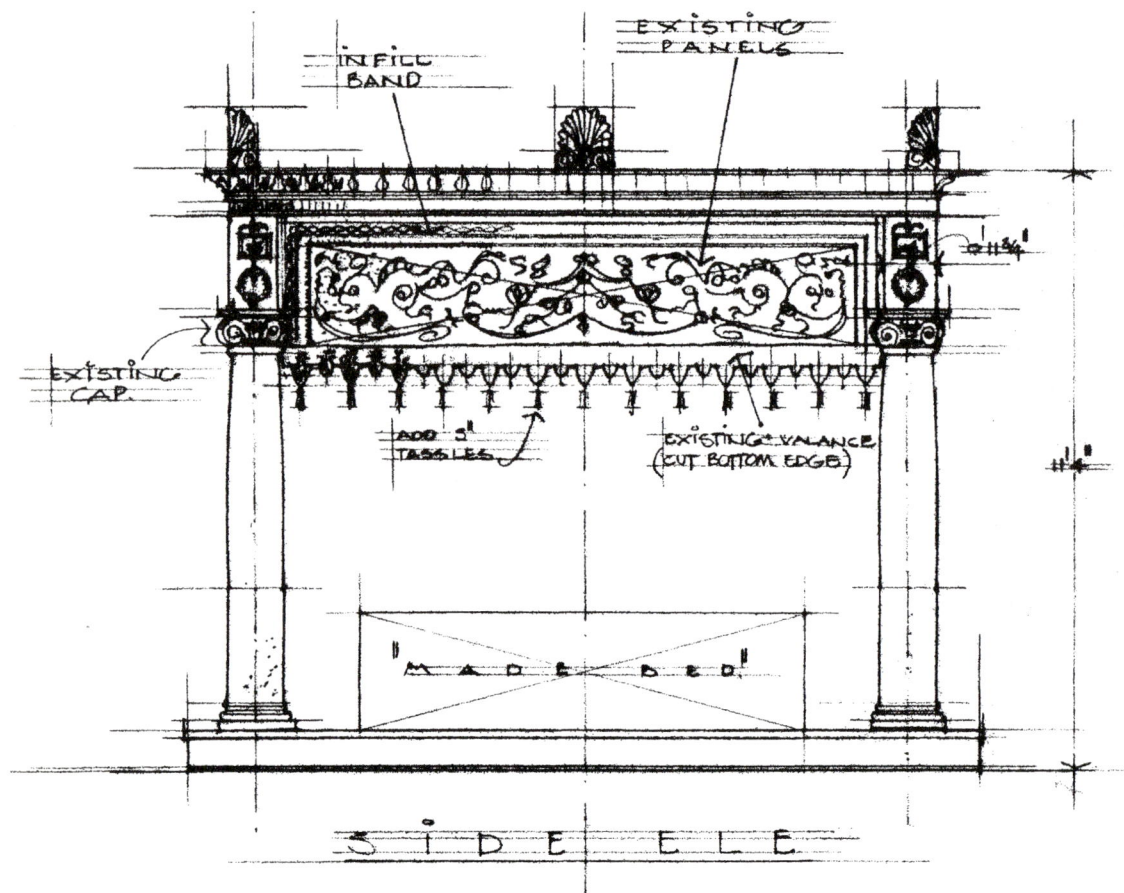

BILD OBEN: Das Haupttreppenhaus im Palast von Senator Gracchus (Derek Jacobi, auf der Treppe). Dieses Set wurde in eines der Festungsgebäude auf Malta hineingebaut, indem die zugemauerten Räume freigelegt und mit den entsprechenden Requisiten versehen wurden. Der Requisiteur Brian Bishop fertigte Fresken für Gracchus' Wohnzimmer (nicht auf dem Bild) und für andere Sets.
BILD UNTEN LINKS: Commodus' Bett, gezeichnet von John King.
BILD UNTEN RECHTS: Studie von Benjamin Fernandez für ein Wandfresko in Proximos' Wohnung.

zu Commodus' prächtigem geschnitzten und vergoldeten Thron hatte der Setdekorateur Crispian Sallis aus einem Gemälde von einem französischen Klassizisten des frühen 19. Jahrhunderts, das die Krönung Napoleons darstellt – das war eben wieder dramatischer als die echte römische Version. „Wir haben viel aus verschiedenen Quellen zusammengestückelt", erklärt Max, „und das so interpretiert, wie es für unsere Story gepasst hat."

KOSTÜME

Die Kostüme waren ein wichtiger Bestandteil der Authentizität des Films *Gladiator*. Und die Auswahl der Körperbedeckungen im Film war sehr groß: Die militärischen Uniformen und Rüstungen der Legionäre, die Felle und rauen Stoffe der germanischen Barbaren, die nordafrikanischen Roben und Turbane, die theatralischen Rüstungen der Gladiatoren, Lucillas exquisite Gewänder, Commodus' nicht minder prächtige Kleider und die klassisch drapierten Togen der Senatoren.

Die Kostümdesignerin Janty Yates recherchierte ausführlich, bevor sie sich an die Entwürfe der extrem vielfältigen Garderobe machte. Yates hatte ihre Karriere in der Modebranche begonnen und war schon für das Kostümdesign von Filmen wie *With or Without You*, *Plunkett and Macleane* und *Welcome to Sarajevo* verantwortlich. Sie erzählt: „Wir müssen Tausende von Büchern durchgesehen und Dutzende von Museen und Gallerien besucht haben. Wir wurden sehr von Werken von Künstlern wie Sir Lawrence Alma-Tadema inspiriert, der den Stil der damaligen Zeit sehr gut eingefangen hat, und von Georges de la Tour, von dem wir Ideen für Stoffe und kleinere Details bekamen."

Die Kostüme der kaiserlichen Familie waren natürlich die aufwändigsten. Connie Nielsens Kleider bestanden aus mehreren Lagen luxuriöser Stoffe wie Seide, Satin, Organza und Chiffon. Der entsprechende Umriss ihrer Kleidung wurde dadurch erreicht, dass ihr einfach geschnittenes Unterkleid mit Bändern aus einem anderem Stoff und in

BILD LINKS: Skizze für das Kostüm eines Andabatae-Kämpfers für Kampfszenen am Drehort in Marokko. Entwurf von Kostümdesignerin Janty Yates.
BILD RECHTS: Das Kostüm und sein Besitzer im Kampf gegen Maximus.

Wolf Cape

Max : Felix
General

Old Brass Cuirass

Metal Greaves + Arm Armour

Plain Back Plate

Wolf Deco

BILD VORIGE SEITE: Skizze für Lucillas Umhang mit Stoffproben, das Kleidungsstück war aus Kaschmir, gefüttert mit Seide.
BILD OBEN: Janty Yates Zeichnung von Maximus' Kostüm als Tribun der Felix-Legionen, mit Stoffproben.
BILD LINKS: Maximus und Lucilla in Germanien, bekleidet mit ihren luxuriösen Winterumhängen, die mit Wolfspelz besetzt waren (verwendet wurde natürlich Kunstpelz).
BILD GANZ RECHTS: Skizze für die Kleidung einer römischen Dame.

einer Kontrastfarbe umwickelt wurde. Über jedem Kleid trug Nielsen eine Stola, die über ihre Arme drapiert war, und einen langen luxuriösen Umhang mit Kapuze. Die Stoffe waren mit Goldfäden durchwoben, damit sie etwas schimmerten, und fast jedes ihrer Gewänder war handbestickt mit Goldfäden und Halbedelsteinen.

Alles Schuhwerk wurde in Rom handgefertigt, einschließlich der verzierten Sandalen von Commodus und Lucilla, die zusätzlich handbestickt waren. Das komplizierte Design des königlichen Schmucks hielt sich genau an die Mode der damaligen Zeit. Der ganze Schmuck wurde mit einer Ausnahme von Englands bekanntem Schmuckhersteller Martin Adams von Hand hergestellt. Einen Ring steuerte Nielsen selbst bei: „In einem Antiquitätenladen fand ich einen 2.000 Jahre alten Siegelring", erzählt sie. „Während ich ihn trug, fühlte ich mich der Rolle noch stärker verbunden."

Die Kostümierung hatte auf Joaquin Phoenix einen ähnlichen Effekt. „Als ich die Kostüme anzog, glaubte ich mich in eine völlig andere Welt versetzt. Nach einer Weile fühlten sie sich nicht mehr an wie Kostüme."

Wie Nielsen trug auch Phoenix Tuniken und Seidenumhänge, wobei seine Rüstung entschieden weniger bequem war. „Seine Rüstung musste geschmeidig sein, damit er sich bewegen konnte, deshalb wurde sie aus Gummi hergestellt und mit Leder bezogen", enthüllt Yates. „Man kann sich vorstellen, wie er sich in der heißen Sonne von Malta gefühlt hat." Yates entwarf Commodus' auffallend weiße Rüstung so, dass sie wie Marmor wirkte, ausgehend von Ridley Scotts Gedanke, dass Commodus versuchte, den Statuen seiner Vorgänger zu ähneln.

Die körperliche Anforderung an Russell Crowes Rolle setzte voraus, dass seine Rüstung wesentlich leichter war, deshalb wurden all ihre Teile aus Schaumstoff gemacht und mit Leder bezogen. Darüber hinaus musste jedes Teil, einschließlich Brustplatte, Helm, Arm- und Beinplatten und mehr, in zwölffacher Ausfertigung hergestellt werden in den verschiedenen Nutzungsstadien für Crowe und seine Stuntdoubles. „Wir hatten unterschiedliche Versionen von jedem Kostüm je nach Szenenablauf: sauber, schmutzig, zerrissen, blutig", erklärt Yates.

Die Kostümabteilung stellte zum Beispiel auch 500 Gladiatorentuniken aus rauem Leinen her, die alle auf alt getrimmt werden mussten.

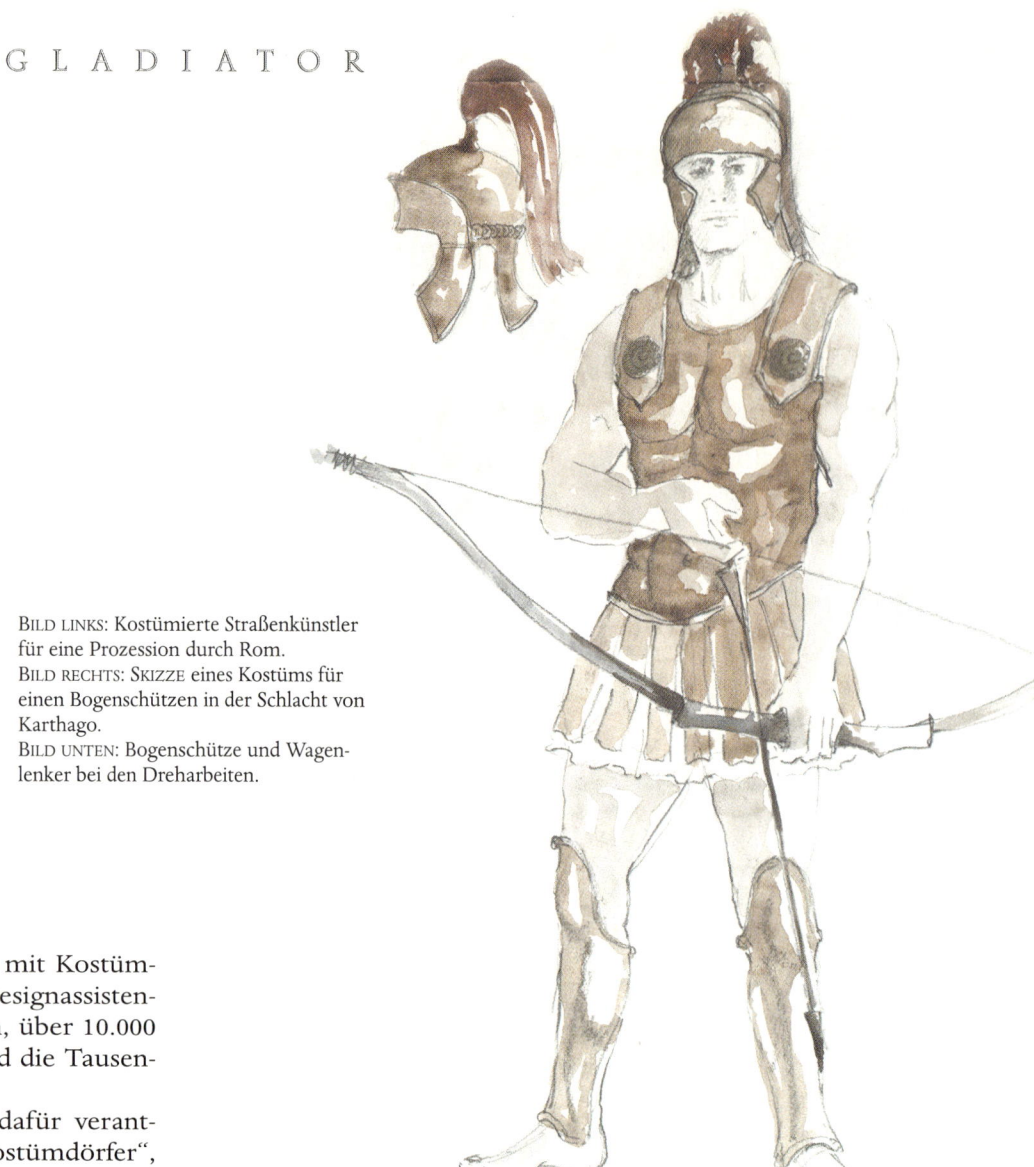

BILD LINKS: Kostümierte Straßenkünstler für eine Prozession durch Rom.
BILD RECHTS: SKIZZE eines Kostüms für einen Bogenschützen in der Schlacht von Karthago.
BILD UNTEN: Bogenschütze und Wagenlenker bei den Dreharbeiten.

Alles in allem fertigte Yates, zusammen mit Kostümbildnerin Rosemary „Kutte" Burrows, Designassistentin Samantha Howarth und ihrem Team, über 10.000 Kostüme für die sprechenden Rollen und die Tausenden von Statisten an.

Burrows war unter anderem auch dafür verantwortlich, Garderoben einzurichten – „Kostümdörfer", wie Yates sie nannte –, wo die Kostüme aufbewahrt wurden und sich die bis zu 2.000 Statisten pro Tag umziehen, frisieren und schminken lassen konnten. In England schloss das Schlammbäder für die Soldaten mit ein, damit sie für die Schlachten richtig schön dreckig waren. Burrows fand auch einen Hufschmied in Yorkshire, der die Kettenhemden so anfertigte, wie Ridley Scott sie sich vorgestellt hatte.

BILD OBEN: Kostümdesignerin Janty Yates hilft einem Prätorianer bei den letzten Einzelheiten der Kostümierung.
BILD RECHTS: Kostümskizze für einen Offizier der Felix-Legionen.
BILD UNTEN: Skizze für das Kostüm von Marcus Aurelius, auf den Fotos daneben das fertige Kostüm und Richard Harris, wie er es trägt.

Marcus Aurelius Battle Armour

Rich Purple + Aged Bronze

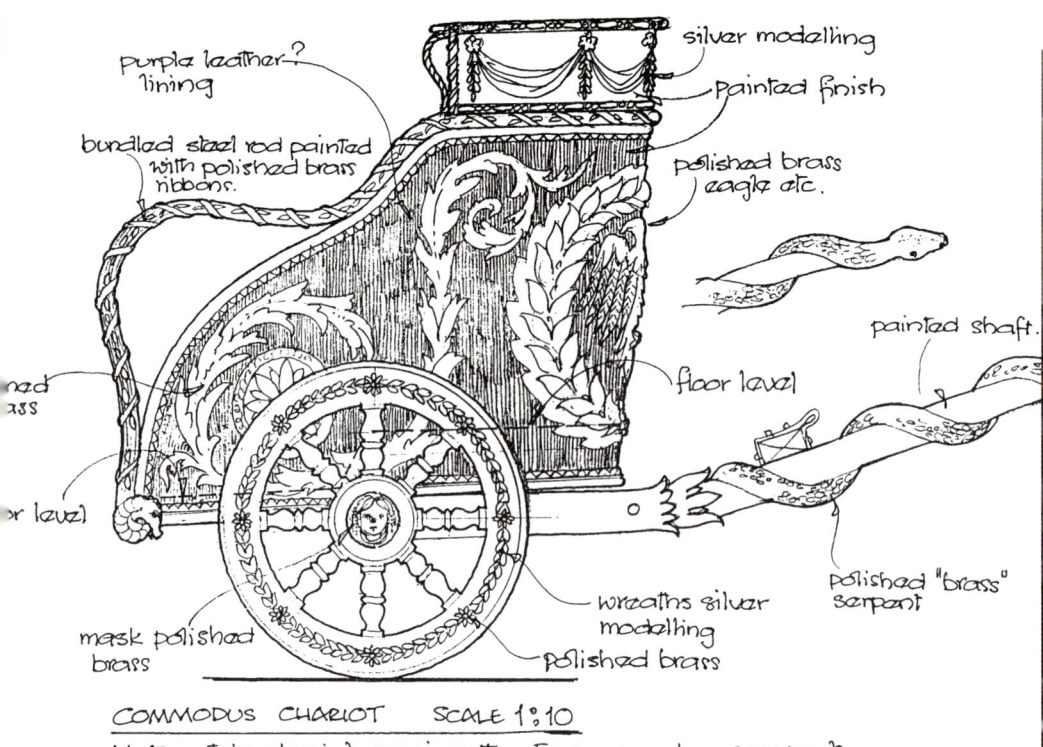

purple leather? lining

bundled steel rod painted with polished brass ribbons.

silver modelling

painted finish

polished brass eagle etc.

painted shaft.

floor level

polished "brass" serpent

mask polished brass

wreaths silver modelling

polished brass

COMMODUS CHARIOT   SCALE 1:10

Note.. this chariot carries the Emperor & a servant.

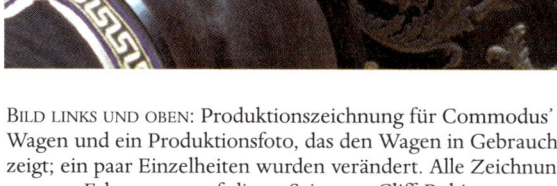

FAHRZEUGE

Die Figuren in *Gladiator* bereisen das ganze Römische Reich, manchmal zu Pferde, aber meistens in Fahrzeugen irgendwelcher Art. Die Römer waren sehr gute Straßenbauer – das war die einzige Möglichkeit, um in ihrem weitläufigen Imperium die Verbindungen zu halten – und verwendeten eine große Palette an Fahrzeugen, um ihre Armeen und deren Hab und Gut zu transportieren, Sklaven und Frachten zu befördern und um ihre Mächtigen stilvoll fortzubewegen.

Das Produktionsteam von *Gladiator* plante und baute Fahrzeuge für all diese und noch mehr Zwecke unter der Leitung von Clifford Robinson, einem der erfahrensten Art-Directoren Englands für Filmfahrzeuge. Er und Arthur Max hatten für den Film *Greystoke – Die Legende von Tarzan, Herr der Affen* zusammengearbeitet, und auf Max' Bitte hin recherchierte und entwarf er die benötigten Fahrzeuge in erstaunlicher Detailliertheit. Sein Team aus Schreinern und Malern baute sie alle bis auf das letzte Schräubchen an den entsprechenden Drehorten in England, Marokko und auf Malta.

Ziemlich am Anfang des Films sieht man den wuchtigen, völlig geschlossenen Reisewagen, in dem Commodus und seine Schwester Lucilla von Rom an die germanische Front fahren. Der Wagen sollte eher

BILD LINKS UND OBEN: Produktionszeichnung für Commodus' Wagen und ein Produktionsfoto, das den Wagen in Gebrauch zeigt; ein paar Einzelheiten wurden verändert. Alle Zeichnungen von Fahrzeugen auf dieser Seite von Cliff Robinson.

einen kriegerischen Eindruck hinterlassen als notwendigerweise historisch echt sein, deshalb war er aus Hartholz gebaut, mit einem traditionellen Steuerungsmechanismus, Stahlfelgen an den Rädern und von mächtigen Zugpferden gezogen. Andere Wagen für Bedienstete und Gepäck vervollständigten Commodus' Konvoi. Ein Modell im Conestoga-Stil basierte auf dem einzigen überlieferten Beispiel eines römischen Vierradwagens. Im Kontrast dazu steht der Wagen, mit dem Maximus und die anderen Gladiatorensklaven zu den Provinzarenen in Afrika transportiert werden: ein offener Wagen aus Holz und Lederriemen, mit einer Stange in der Mitte, an der die Sklaven festgekettet sind.

Aber die Krönung von Robinsons Arbeit waren die Kampfwagen. Diese sollten nicht nur realistisch und prunkvoll aussehen, sondern haltbar sein und zuverlässig

100

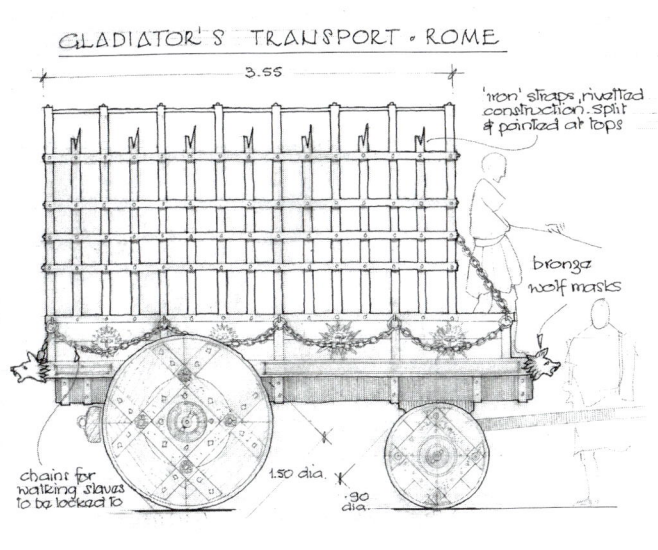

GLADIATOR'S TRANSPORT · ROME

3.55

'iron' straps, rivetted construction. split & pointed at tops

bronze wolf masks

chain for walking slaves to be locked to

1.50 dia.

.90 dia.

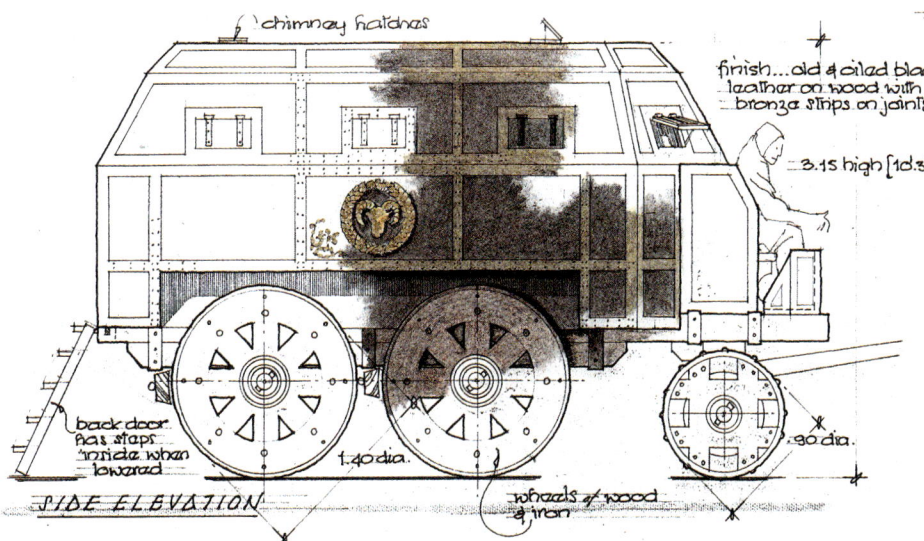

chimney hatches

finish... old & oiled black leather on wood with bronze strips on joints

3.15 high [10'.3"]

back door has straps inside when lowered

1.40 dia.

.90 dia.

wheels of wood & iron

SIDE ELEVATION

BILD OBEN LINKS: Proximos' Transportmittel für die Gladiatoren.
BILD OBEN: Commodus' Wagen mit Bronzetüren, Rädern aus Holz und Eisen, und Stufen, die man hinten zum besseren Einsteigen hinunterlassen konnte. Innen war er mit Fresken geschmückt, mit Leder bezogen und mit ausgearbeiteten Metall-accessoires ausgestattet.
BILD UNTEN: Im Hintergrund des Lagers in Germanien ist Commodus' Wagen zu sehen.

funktionieren beim Einsatz in der spektakulären Karthago-Schlacht, wo sie mit Lenkern und Bogenschützen im Kampf gegen Proximos' Gladiatoren durch die Arena jagen. Der Kampfwagen, in dem Commodus nach Rom fährt, hat dunkelrote Lederbezüge, Räder und Zierleisten aus glänzendem Messing und eine reliefartige Nachbildung der kaiserlichen Adler mit dem Lorbeerkranz. In einer späteren Szene fährt der gallische Gladiator Tigris mit einem Wagen in die Arena, der mit einem brüllenden Tiger verziert ist.

Für die Kampfwagen fanden die Filmemacher einiges an historischem Anschauungsmaterial, zum Beispiel Triumphsäulen, Mosaike und Reliefs wie das auf der Trajanssäule. Insgesamt bauten sie 24 Kampfwagen, 16 wurden in Kampfszenen eingesetzt, auf der Leinwand sind jedoch nur 6 davon zu sehen. Einige Wagen wurden speziell für Stunts konstruiert, andere, um die Kamera darauf zu befestigen, damit aus der Mitte des Kampfs gedreht werden konnte. Robinson entwarf und baute auch Karren zum Transport der Tierkäfige, diverse Handwagen, um die Leichen aus der Arena zu befördern oder den blutigen Sand zusammenzuharken, und die Kriegsmaschinen für den Germanienfeldzug.

BILD GANZ LINKS: Verzierung eines Kampfwagens.
BILD LINKS: Cliff Robinsons Tabelle, auf der alle benötigten Fahrzeuge farblich gekennzeichnet aufgelistet sind.
BILD UNTEN: Commodus' Reisekonvoi nach Germanien und der nordafrikanische Sklaven-konvoi (links).

BILD LINKS: Konzeptstudie eines
Gladiators, der einen Helm mit
den Hauern eines Keilers trägt.
Von Sylvain Despretz.
BILD UNTEN: Ein Gladiator in
voller Montur.

WAFFEN UND RÜSTUNGEN

Der Waffenmeister Simon Atherton und sein Team
entwarfen und erstellten für den Film *Gladiator*
über 2.500 Waffen. Auf dem Höhepunkt der Schlacht
in Germanien kämpfen Schauspieler, Stuntmänner
und Tausende von Statisten im Nahkampf mit Breit-
schwertern, Äxten, Speeren und Dolchen. Zu einem
früheren Zeitpunkt der Schlacht schießen römische
Bogenschützen über 16.000 brennende Pfeile in die
Luft. Später im Film gehen die Gladiatoren ihrem
Gewerbe nach und verwenden dabei alle möglichen
Waffen, vom Standardschwert (dem *Gladius*) über
Speer (*Pilum*), Knüppel, Dreizack, Kettenball bis hin
zur Bronzekeule.

Viele der Waffen und Ausrüstungen beruhten auf
einem originellen Konzept aus einer Mischung von
Recherche und Erfindung. Atherton: „Wir konnten in
Büchern über Waffen und Rüstungen dieser Zeit nicht
sehr viele Informationen finden. Deshalb haben wir
das, was wir über spätere Zeiten wussten, versucht
zurückzuentwickeln – mit dem Gedanken im Hinter-
kopf, dass für die Römer hauptsächlich Nahkämpfe in
Frage kamen – und ganz gute Designs entworfen, die
auch damals machbar gewesen wären."

Atherton empfand den Auftrag von Ridley
Scott, sich eine römische Entsprechung der auto-
matischen Waffen auszudenken, als besonders
interessante Herausforderung. Heraus kamen
die Mehrschuss-Armbrüste, die die Gladiato-
rinnen verwendeten. Aber er ist genauso stolz
auf die konventionellen Bogenschützen
im Film. „Die Leute für die
Spezialeffekte haben Maschinen,
mit denen sie ganze Batterien
von Pfeilen gleichzeitig in die
Luft jagen können. Aber unsere Jungs mit Pfeil und Bogen
waren auch ganz schön schnell." Manche
Waffen waren Spezialanfertigungen aus Gummi,
Leder und anderen weichen Materialien, „damit
die Leute eins auf den Kopf kriegen und sich echt
kloppen konnten", berichtet Atherton. Aber da solche Ersatzwaffen nicht das authentische Gewicht und
metallische Glitzern vermitteln, wurden, wann immer
es möglich war, richtige Waffen verwendet.

Atherton beriet unter anderem auch die Kostümabteilung in Bezug auf Aussehen und Funktion von
Helmen und bestimmten Rüstungen. Hier waren auch
einige Designs authentisch römisch, wie die Helme

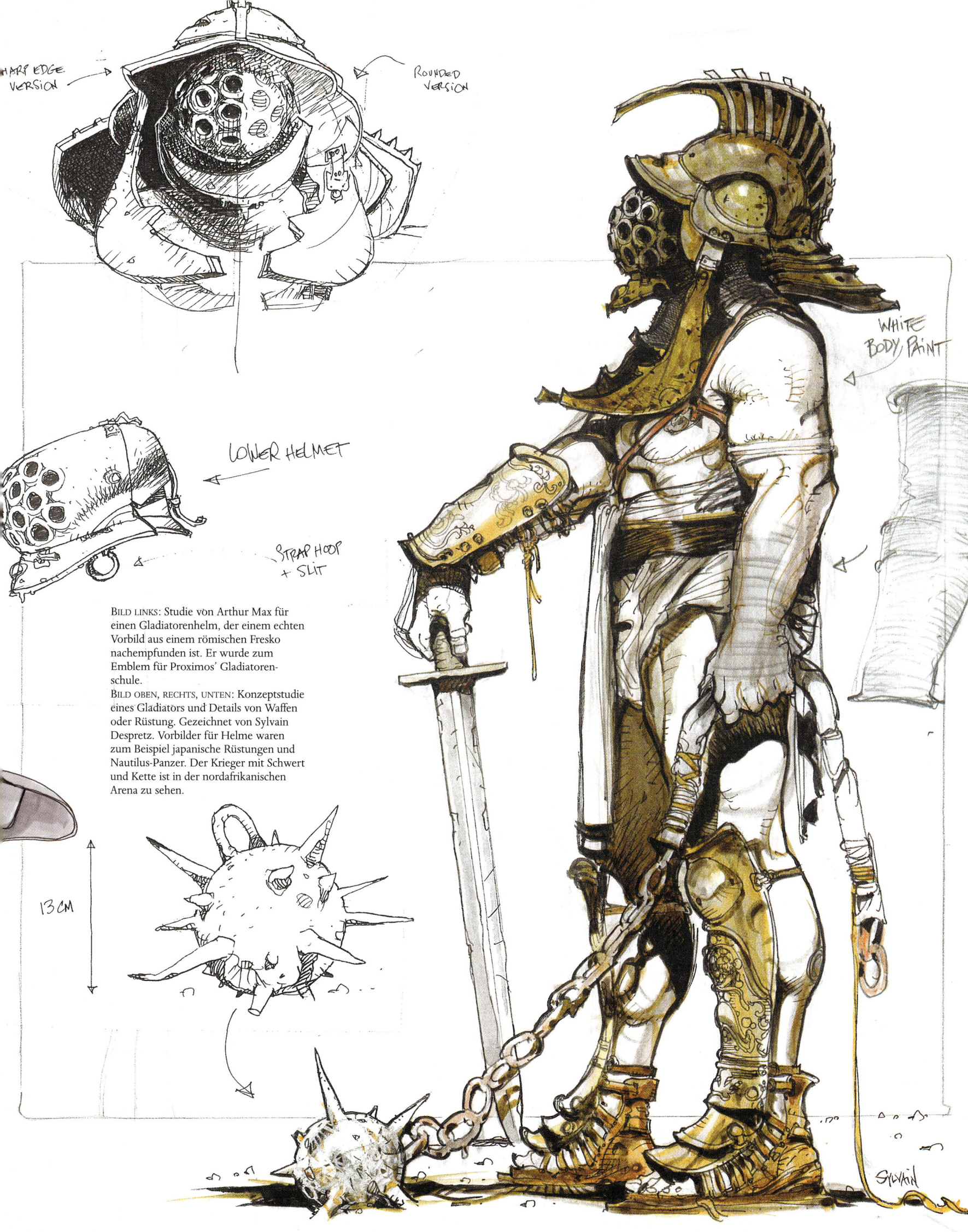

SHARP EDGE VERSION

ROUNDED VERSION

WHITE BODY PAINT

LOWER HELMET

STRAP HOOP + SLIT

13 CM

BILD LINKS: Studie von Arthur Max für einen Gladiatorenhelm, der einem echten Vorbild aus einem römischen Fresko nachempfunden ist. Er wurde zum Emblem für Proximos' Gladiatoren- schule.

BILD OBEN, RECHTS, UNTEN: Konzeptstudie eines Gladiators und Details von Waffen oder Rüstung. Gezeichnet von Sylvain Despretz. Vorbilder für Helme waren zum Beispiel japanische Rüstungen und Nautilus-Panzer. Der Krieger mit Schwert und Kette ist in der nordafrikanischen Arena zu sehen.

SYLVAIN

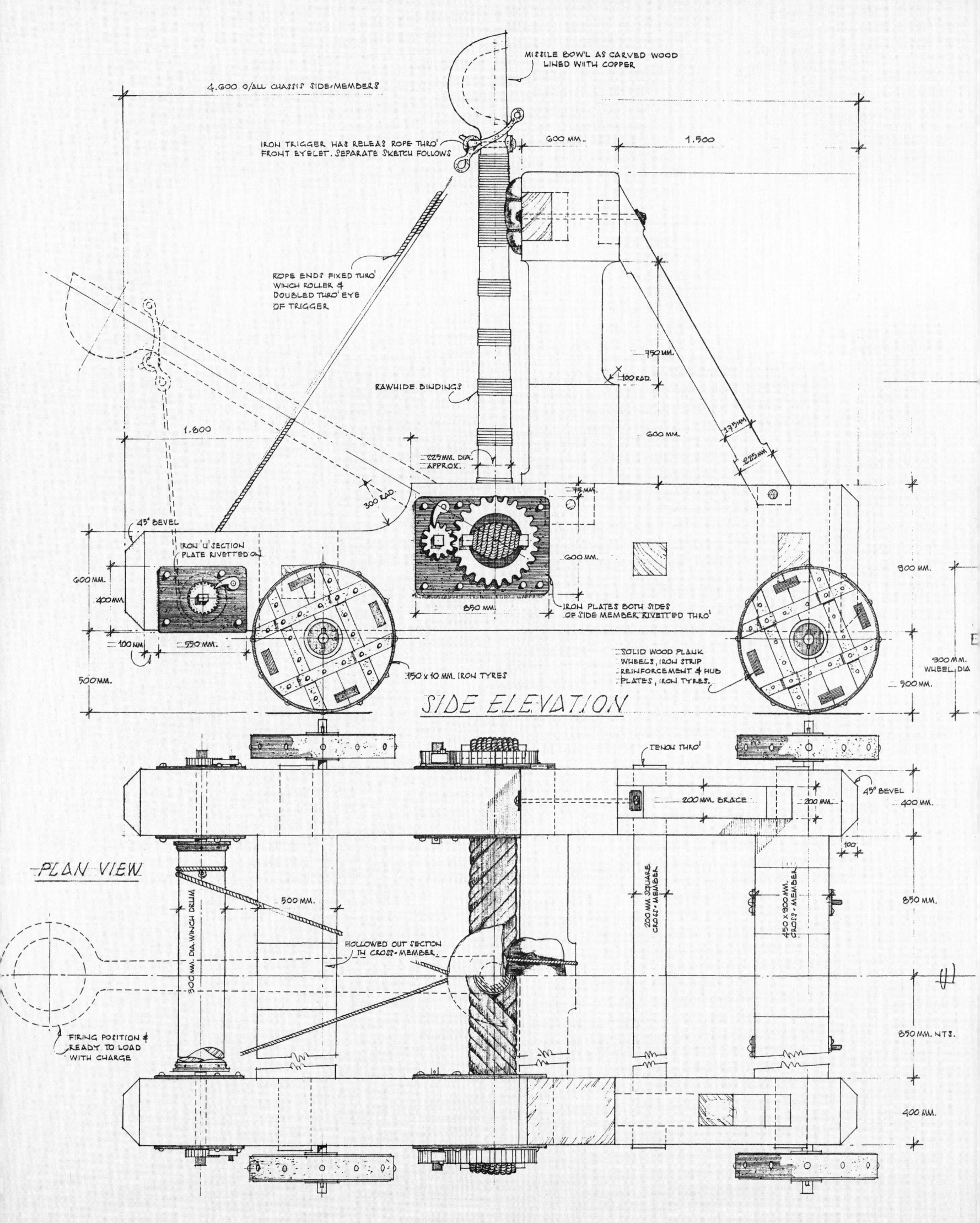

MISSILE BOWL AS CARVED WOOD
LINED WITH COPPER

4.600 O/ALL CHASSIS SIDE-MEMBERS

IRON TRIGGER HAS RELEAS ROPE THRO'
FRONT EYELET. SEPARATE SKETCH FOLLOWS

ROPE ENDS FIXED THRO'
WINCH ROLLER &
DOUBLED THRO' EYE
OF TRIGGER

600 MM.

1.500

RAWHIDE BINDINGS

750 MM.

100 RAD.

1.800

600 MM.

175 MM

225 MM

225 MM. DIA.
APPROX.

75 MM

300 RAD.

45° BEVEL

IRON 'U' SECTION
PLATE RIVETTED ON

600 MM.

600 MM.

900 MM.

400MM

850 MM.

IRON PLATES BOTH SIDES
OF SIDE MEMBER RIVETTED THRO'

100 MM

550 MM.

150 x 10 MM. IRON TYRES

SOLID WOOD PLANK
WHEELS, IRON STRIP
REINFORCEMENT & HUB
PLATES, IRON TYRES.

900 MM.
WHEEL DIA

500MM

500 MM.

SIDE ELEVATION

TENON THRO'

45° BEVEL

400 MM

PLAN VIEW

200 MM. BRACE

200 MM.

100

500 MM.

300 MM. DIA. WINCH DRUM

200 MM SQUARE
CROSS-MEMBER

450 x 900 MM.
CROSS-MEMBER

850 MM.

HOLLOWED OUT SECTION
IN CROSS-MEMBER

FIRING POSITION &
READY TO LOAD
WITH CHARGE

850 MM. NTS.

400 MM.

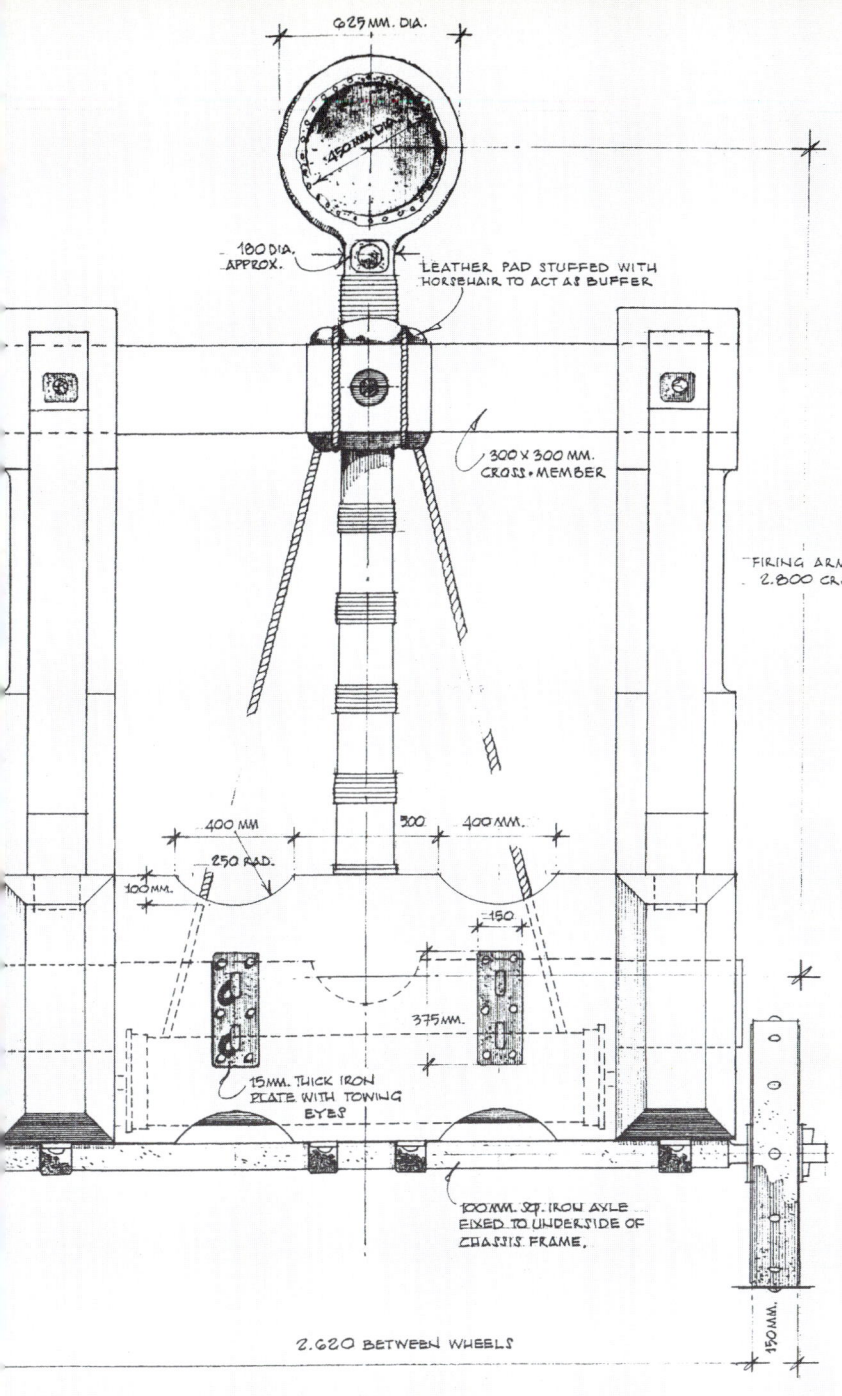

GIANT CATAPULT 1:25

Note! This drawing is for dis-
cussion & pricing purposes only.
Larger scale detail drawings
will follow later.

trigger release
for firing

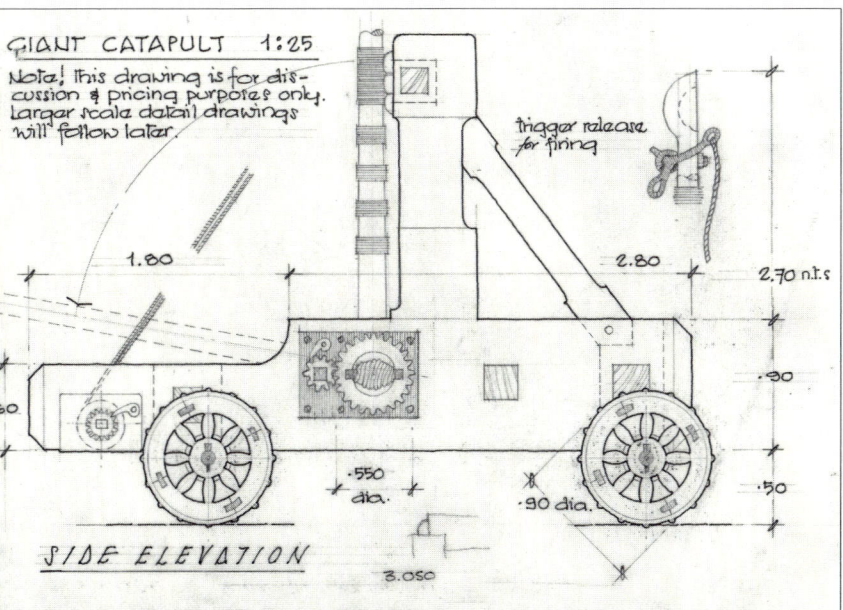

SIDE ELEVATION

BILD LINKS: Detaillierte Zeichnungen (aus verschiedenen Perspektiven) der Katapult-Schleuder.
BILD UNTEN LINKS: Vorbereitungszeichnung der Schleuder als Diskussions-grundlage und zur Planung der Kosten. Zeichnungen von Cliff Robinson.
BILD UNTEN: Eines der Katapulte am Germanien-Set.

mit dem „Hahnenkamm", während andere wie die Tigermaske speziell für den Film erfunden wurden.

Die großen Kriegsmaschinen der römischen Armee, wie die voll funktionsfähigen Schleudern und der tödliche „Skorpion", fielen in das Ressort von Fahrzeugspezialist Cliff Robinson. Zwei Katapulte in voller Größe wurden gebaut, jedes wog ungefähr eine Tonne und konnte beängstigende Kraft erzeugen, weshalb sehr sorgfältig geprobt werden musste. Ridley Scott: „Wir gehen davon aus, dass die Römer Wurfgeschosse mit diesen Maschinen ca. 250 Meter weit schleudern konnten. Wir sind mit unseren auf ca. 140 Meter gekommen, was immer noch ziemlich gut ist für ein Katapult. Man kurbelt sie mit einem dicken, gedrehten Tau herunter,

das um eine riesige Winde gewickelt ist, dann schlägt man einen Bolzen raus, und der Arm saust mit einer solchen Kraft nach oben, dass die ganze schwere Maschine einen Sprung macht."

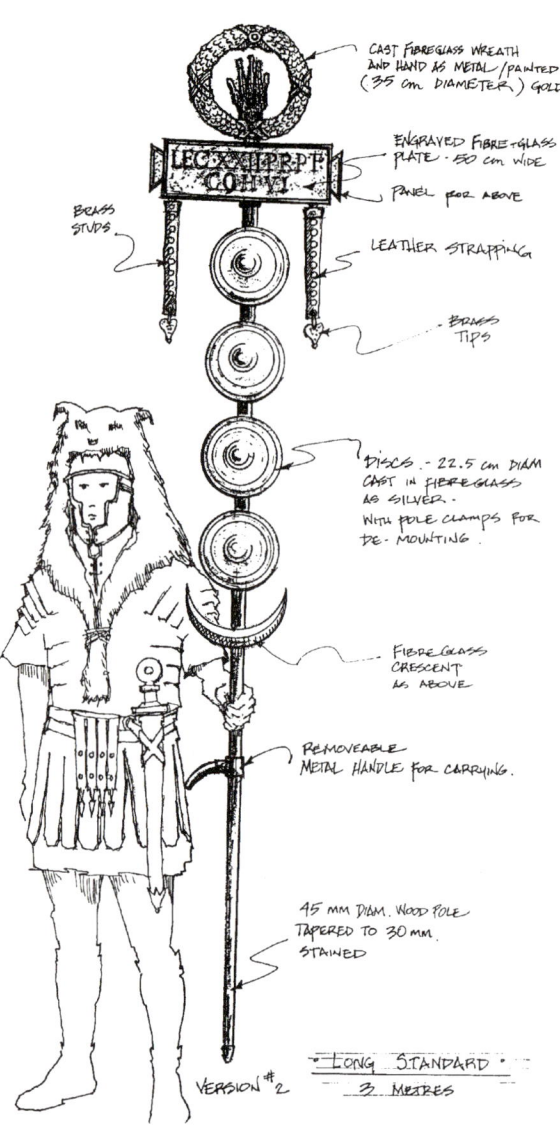

CAST FIBREGLASS WREATH AND HAND AS METAL/PAINTED (35 cm DIAMETER) GOLD
LEG XXII PR P F
COH VI
ENGRAVED FIBRE-GLASS PLATE - 50 cm WIDE
PANEL FOR ABOVE
BRASS STUDS
LEATHER STRAPPING
BRASS TIPS
DISCS - 22.5 cm DIAM CAST IN FIBREGLASS AS SILVER.
WITH POLE CLAMPS FOR DE-MOUNTING.
FIBREGLASS CRESCENT AS ABOVE
REMOVEABLE METAL HANDLE FOR CARRYING.
45 MM DIAM. WOOD POLE TAPERED TO 30 MM. STAINED
VERSION #2
LONG STANDARD
3 METRES

BILD OBEN UND UNTEN: Zeichnungen von Arthur Max, die Ausrüstungsgegenstände der römischen Legionäre zeigen. BILD RECHTS: Ein Legionär hält eine Standarte, die der auf der Zeichnung ähnelt; diese hat an der Spitze das Emblem und den Namen der Felix-Legionen.

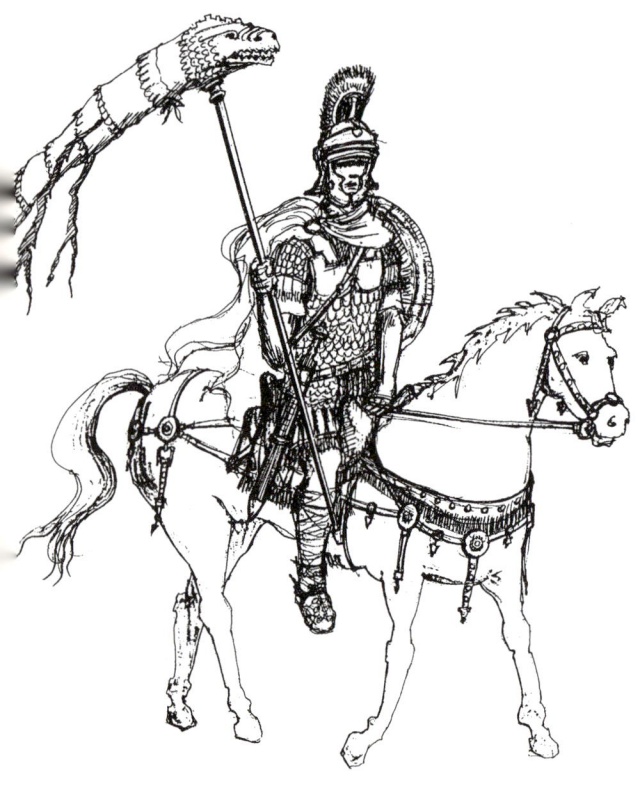

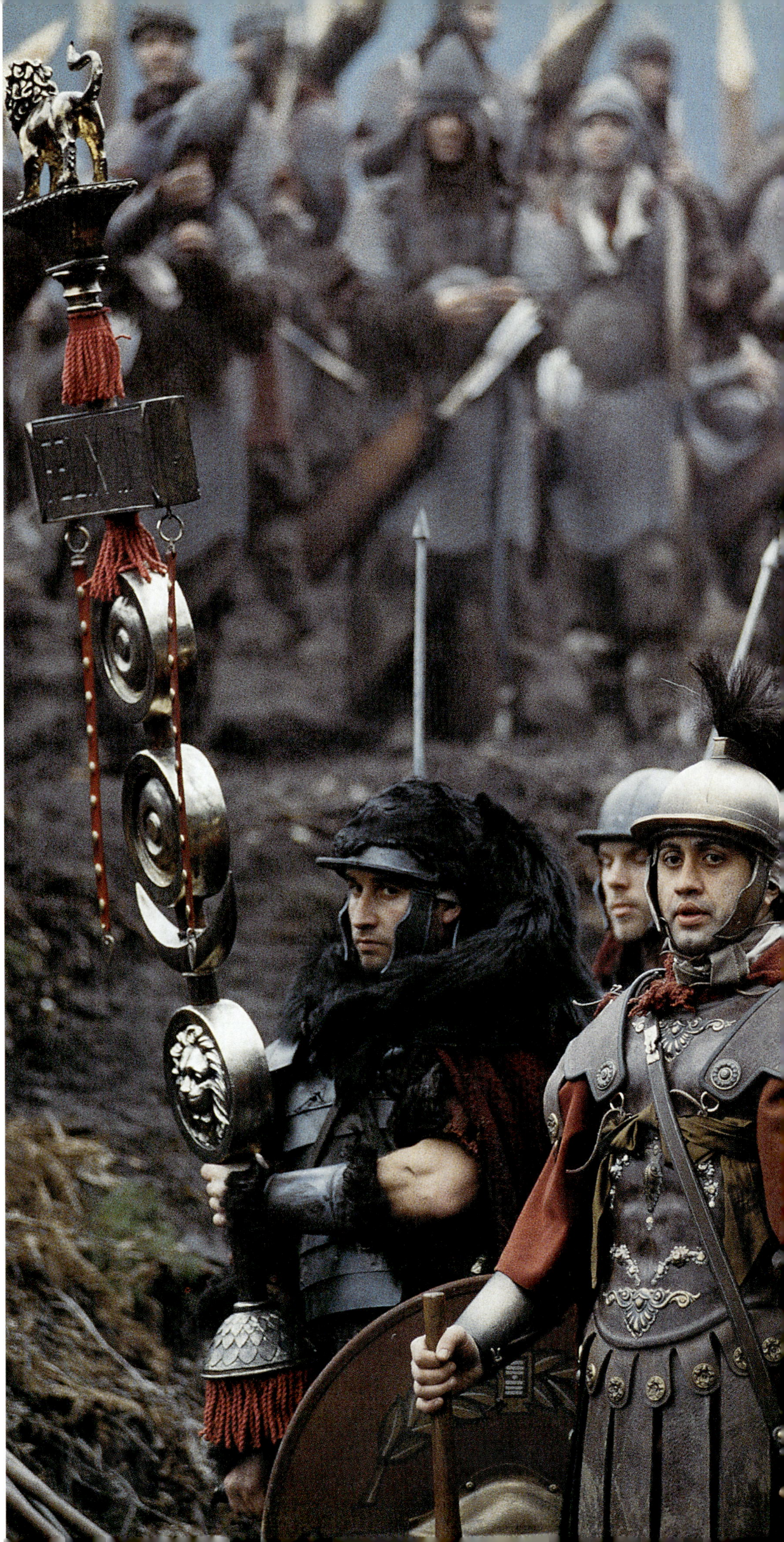

BILD OBEN: Prätorianer in ihren kunstvollen Roben und Rüstungen umzingeln Maximus in der Arena.
BILD UNTEN: Schildentwürfe des Art-Directors (England) David Allday. Der Entwurf ganz rechts entwickelte sich zum endgültigen Prätorianerschild, wie es oben zu sehen ist.

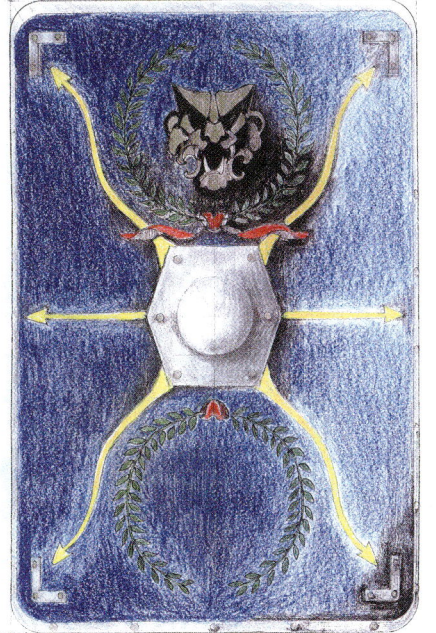

SCHWERTKÄMPFE UND STUNTS

Wie die Figuren, die sie spielten, so mussten auch Russell Crowe, Djimon Hounsou und der frühere Bodybuilding-Meister Ralf Moeller, der den Furcht erregenden Hagen spielt, sich der gewaltigen körperlichen Anstrengung des Gladiatorenlebens stellen. Unter der Leitung von Stuntkoordinator Phil Neilson führten die Schauspieler mit einer Gruppe hervorragender Stuntmänner Kampfszenen durch, die mit dem Training in Proximos' Gladiatorenschule hätten mithalten können.

„Ich habe schon einige anstrengende körperliche Rollen vorher gehabt, aber das war gnadenlos", berichtet Crowe. „Irgendwann in der Mitte überlegte ich mir, ob ich nicht doch besser in dem Film hätte mitspielen sollen, wo ich der Busschaffner gewesen wäre." Und Ridley Scott ergänzt: „Nach einer großen Kampfszene versuchte ich immer, für Russell ein paar Tage einzuschieben, an denen er nur gehen und sprechen muss, aber das hat nicht immer geklappt. Einige Tage drehten wir nur eine Kampfszene nach der anderen, da hat

ihm natürlich jeder Muskel und jeder Knochen nachher wehgetan.

In Anbetracht dessen bekam Crowe einen Lachanfall über eine Anweisung, die er während den Dreharbeiten erhielt. „Sie schickten mir ein Memo, dass ich doch bitte nicht Fußball spielen solle, weil ich mich da verletzen könnte. Das war gerade in der Zeit, als ich eine verschärfte Kampfszene nach der anderen gedreht hatte. Also schrieb ich folgendes Memo zurück: ‚Ich darf mit vier Tigern auf einmal kämpfen, aber keinen Fußball spielen? Kriegt euch wieder ein! Herzlichen Gruß, Russell.'"

Im Gegensatz zu modernen Kriegsfilmen beinhalteten die Kampfszenen in *Gladiator* enge Nahkämpfe mit dem Schwert, die eine komplizierte Planung und ausgedehnte Proben voraussetzten, damit niemand verletzt wurde. Kampfmeister Nicholas Powell, der unter anderem auch schon bei *Braveheart* mitgearbeitet hatte, war mit Neilson zusammen für die Choreografie der unzähligen Kampfszenen im Film zuständig.

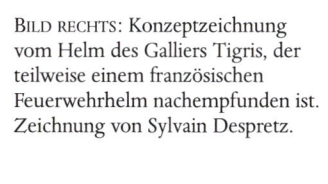

BILD RECHTS: Konzeptzeichnung vom Helm des Galliers Tigris, der teilweise einem französischen Feuerwehrhelm nachempfunden ist. Zeichnung von Sylvain Despretz.

BILD LINKS: Storyboardzeichnungen von Sylvain Despretz, die den Kampf zwischen Maximus und dem Gallier Tigris (Tiger) zeigen, der mit eine der ausgeklügeltsten Choreografien des Films beinhaltet.

BILD OBEN UND RECHTS: Tigris und Maximus in der Arena. Tigris' Verwendung von Axt und Schwert beruht auf frühen Diskussionen über die Szene und darüber, wie Maximus ihn schließlich besiegen würde.

BILD NÄCHSTE DOPPELSEITE: Eine der schwierigen Pferdeszenen bei der Karthago-Schlacht.

„Die Einzelkämpfe in diesem Film boten die Gelegenheit, etwas anders zu machen", sagt Powell, „denn offensichtlich weiß keiner genau, wie die in der damaligen Zeit gekämpft haben.

Also recherchiert man und kriegt heraus, was für Arten von Schwertern die damals verwendet haben, wie sich diese Waffen anfühlen, wenn sie durch die Luft sausen, wie sie Menschen verletzen und so weiter. Dann wendet man das, was man herausgefunden hat, auf die Geschichte an und schaut, was für die Kamera gut aussieht. Ich versuche, Regeln zu erstellen für die unterschiedlichen Kampfarten und die Kämpfe flüssig zu gestalten, damit eine Bewegung fließend in die nächste übergeht." Powell trainierte auch alle Schauspieler und Stuntmänner sowie die 1.000 Statisten, die in der Schlacht am Anfang des Films beteiligt sind. Seine erste Sorge galt Russell Crowe, deshalb reiste er Wochen vor den Dreharbeiten nach Australien, um mit dem Schauspieler Einzeltraining zu machen.

Ridley Scotts Kommentar: „Alle Schauspieler mussten viel lernen für diese Art von Kampf. Der Film enthält unheimlich viele Schwertkämpfe, die es

zwingend nötig machen, dass sich jeder genaue Bewegungen und Platzierungen einprägt, damit nicht etwas kaputt geht … oder der Kopf von jemand abgehackt wird." Und das meinte er nicht nur im Scherz.

Powell erklärt das so: „Ridley wollte Nahkämpfe, die sehen auf der Leinwand besser aus, sind allerdings auch etwas riskanter, vor allem weil wir hauptsächlich Metallwaffen verwendet haben. Die Hauptsache ist, dass man die Choreografie perfekt hinkriegt und die Jungs dauernd auf Zack hält. Die dürfen nie denken: ‚Ach, das haben wir doch jetzt zehn Mal geprobt, das haut schon hin.' Es muss nur jemand an der falschen Stelle stehen und dir auf den Arm hauen, und schon ist deine Hand futsch… Sie mussten sich jedes einzelne Mal konzentrieren."

Djimon Hounsou, alias Juba, kann das bestätigen: „Ich kämpfte mit dem Kerl, der die gehörnte Stiermaske aufhat. An einer Stelle richtete er sich auf und drehte plötzlich seinen Kopf. Er hat mit dem Horn mein Auge nur um ein paar Zentimeter verpasst und mir einen tiefen Schnitt in die Schulter verpasst."

Viele der blutigeren Stunts wurden aus Actionaufnahmen, Spezialeffekten mit Prothesen und visuellen Effekten mit Bluescreen und Computer zusammengebastelt. In der Karthago-Schlacht zum Beispiel wird eine der Bogenschützinnen von der scharfen Klinge, die an einer Wagenachse befestigt ist, buchstäblich halbiert, und bei der Schlacht in Germanien werden auch ein paar Körperteile abgetrennt.

Einer der aufregendsten Stunts ist die Szene in der Karthago-Schlacht, wenn die Kampfwagen im Kolosseum um Proximos' Gladiatoren herumfahren und dabei schier umkippen. Diese Szene bereitete Ridley Scott viel Kopfzerbrechen, denn der freie Platz, auf dem sie die Arena bauen konnten, war 15 Prozent kleiner als ideal gewesen wäre. „So ein Kampfwagen wiegt um die 250 Kilo, und die Pferde bewegen sich blitzschnell", erklärt Scott. „Die kommen in vollem Galopp die Rampe hoch und in die Arena, und die müssen die Geschwindigkeit während der Aufnahme beibehalten, sonst sieht das furchtbar aus. Aber wenn sie an einer bestimmten Stelle angelangt sind, müssen sie anhalten. Sie können nicht wenden, dafür sind sie

zu schnell. Sie müssen gezügelt und sofort angehalten werden. Und mir war klar, dass wir 15 Prozent zu kurz sind, das war echt knifflig. Die sind fast ans andere Ende des Stadions geknallt."

Scott ist voll des Lobes für sein Stunt-Team, einschließlich des Stuntkoordinators Neilson und aller Stuntmänner und -frauen: „Wir hatten ein großartiges Team von Stuntmännern, zur Hälfte waren es Gladiatoren. Sie fingen als Germanen oder römische Truppen an, dann wurden sie anders kostümiert und ausgestattet in Nordafrika eingesetzt, und dann, wenn man sie nicht schon wiedererkannte, nochmals in Rom. Ein guter Stuntman ist unbezahlbar, weil er aufpasst, dass keine Unfälle passieren, und sich darum kümmert, dass alles gut aussieht."

Dreharbeiten in Malta wurden fünf Tiger, vier Löwen, zwei Zebras, vier Hunde, zwei Ochsen und ein Elefant benötigt. Nicht alle diese Tiere erscheinen in der endgültigen Fassung des Films. Als Trainerkollege stand Reynolds Thierry Le Portier zur Seite, der Pferdemeister war der Veteran Steve Dent, der von Peter White assistiert wurde.

Eine besondere Herausforderung war, die exotischen Tiere, die sie benötigten, in Marokko aufzutreiben. Wie Lustig berichtet, gibt es heutzutage strenge Gesetze über den Transport wilder Tiere zwischen den Staaten. Die meisten europäischen Länder lassen keinen Transport von Tieren nach Nordafrika zu. „Aber in Rabat stellte ich fest, dass die dort einen exzellenten Zoo haben. Und wir bekamen die Erlaubnis, einige ihrer Tiere zu verwenden. Das sind natürlich keine Tiere, die für diese Arbeit aufgezogen und trainiert wurden, die sind wirklich wild. Aber wir haben alle überlebt, und die Tiere wurden alle gesund zurückgeschickt."

Die Filmemacher beschlossen, den Zuschauern den realistischen Anblick zu ersparen, wie die Römer die Tiere in ihren Blutsportarten verwendeten. In der damaligen Zeit durchstreiften Jäger den ganzen Mittelmeerraum nach wilden Tieren, fingen sie ein und brachten sie nach Italien, um die unstillbare Lust der

DAS TIERREICH

Der verantwortliche Produzent für die schwierige Arbeit mit den Tieren in *Gladiator* war Branko Lustig, dessen Erfahrung im Einsatz von Tieren im Film zurückreicht bis zu seiner früheren Karriere Anfang der 50er Jahre in seiner Heimat Jugoslawien. Im Zweiten Weltkrieg wurden von den Armeen noch Pferde eingesetzt, und nach dem Krieg kaufte Lustigs Firma Yadrim Film viele davon auf. „Deshalb kamen die italienischen Filmemacher, die historische Filme mit Pferden drehen wollten, immer zu uns", erinnert sich Lustig.

Lustig engagierte den Cheftiertrainer Paul „Sled" Reynolds, der die meisten Tiere auftrieb, die im Film zu sehen sind. Reynolds hatte schon in anderen DreamWorks-Projekten wie zum Beispiel *Amistad* gearbeitet. In Marokko umfasste der Plan Tiger, Leoparden und Giraffen (jeweils zwei), vier Löwen und jeweils zehn Straußen und Geier. Für die

TIGER, TIGER

„Ridley sagte uns, er wolle den Kampf mit dem Tiger sehr brutal und sehr furchterregend haben", erzählt der Tiertrainer Sled Reynolds. Aber wie kann man das hinkriegen, ohne die Schauspieler und das Drehteam in Gefahr zu bringen? Die Antwort ist: mit äußerster Geduld und der Hilfe eines hervorragenden Digitaleffekte-Teams.

Scott hatte das Storyboard für die ganze Sequenz und wusste genau, was er wollte, bis zur letzten Aufnahme. Die Kamera rollte, und die Tiertrainer brachten mit Ködern und anderen Lockmitteln die Tiger dazu, zu springen, zu rennen und zu brüllen. Mit einer Kette, die an einem Ring im Arenaboden befestigt war, kontrollierten sie die Tiere. Jede Bewegung eines Tigers wurde mit einer passenden Bewegung von Russell Crowe oder seinem Stuntdouble kombiniert, die meist später vor dem selben Hintergrund gedreht wurden. Der Cutter Pietro Scalia sah sich die ersten Kopien täglich durch und bewertete, wie viel von dem benötigten Material schon fertig war, und beauftragte Nachaufnahmen von dem, was noch fehlte.

Die Fortschritte hingen stark von der Kooperation der Tiere ab, die oft nicht gewährleistet war. „Wir hatten vier Tage für die Aufnahmen mit den Tigern eingeplant", erinnert sich Ridley Scott, „und wir haben Wochen gebraucht." Und VFX-Chef John Nelson räumt ein: „Ein ganzes Kamerateam arbeitete einen guten Meter von einem 300 Kilo schweren wilden Tier entfernt. Das bringt dein Adrenalin in Wallung!"

Scott stellte sicher, dass sein Hauptdarsteller während der Aufnahmen nicht näher als vier bis fünf Meter an die Tiger herankam, obwohl Crowe viele seiner sonstigen Stunts selbst ausführte. Diese Vorsicht war auch nicht übertrieben, wie sich zeigte: Einer der Tiertrainer kam gerade noch einmal mit dem Leben davon, als ein Tiger an der Kette kehrt machte, sich auf ihn stürzte und ihn umwarf. Doch er wurde gerettet. „Leider sind die so schnell, dass man keine Chance hat, es kommen zu sehen, wenn sie einen packen wollen", erklärt Reynolds.

BILD OBEN: Der Cheftiertrainer Sled Reynolds arbeitet mit einem der Tiger. Von den vier Tigern insgesamt kamen die zwei gelehrigeren aus den USA, die anderen beiden aus Frankreich, wo sie nicht entsprechend gezähmt worden waren und deshalb weniger vorhersehbar waren.
BILD UNTEN: Storyboards des Tigerkampfs von Sylvain Despretz.

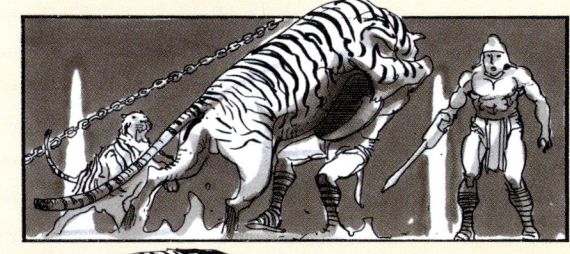

BILD OBEN: Ein Kameramann, der an einen Traktoranhänger gegurtet ist, filmt einen heranbrausenden Kampfwagen aus der Arena-Perspektive.
BILD UNTEN: Zeichnung des Rampensystems mit Eingang der Tiger in die Arena. Von Sylvain Despretz.

PRACTICAL "ELEVATOR" COLOSSEUM
TIGER RAMP TRICK

Römer, exotische Kreaturen zu sehen und dann abzuschlachten, zu befriedigen. Einige Tierarten wie die Raubkatzen zum Beispiel wurden so hartnäckig gejagt, dass sie im Nahen Osten bald selten wurden, wo es sie früher im Überfluss gegeben hatte. Von einem Kaiser wird berichtet, dass er in einer dreitägigen Spielzeit wahrhaftig 5.000 Tiere töten ließ. Die Tiere wurden in der Arena nicht nur „gejagt" oder dazu gebracht, Menschenopfer zu zerreißen und zu töten, eine beliebte Spielart war auch, verschiedene Tierarten aufeinander zu hetzen – Tiere, die sich in der Natur nie begegnet wären, wie ein Gorilla und ein Bär.

Dennoch ist der erfahrene Reynolds voller Bewunderung, welche logistischen Probleme die Römer überwunden haben, um ihre Tiere zu bekommen: „Können Sie sich vorstellen, Elefanten, Stiere oder Rhinozerosse auf einem dieser alten Schiffe zu transportieren? Es muss eine Qual gewesen sein – vor allem für die Tiere."

Bei der Schlacht in Germanien bestand Reynolds Hauptaufgabe darin, mit dem dressierten Deutschen Schäferhund zusammenzuarbeiten, der den römischen Wolf darstellen sollte – Maximus' Gefährte in der Schlacht. „Eigentlich wollten wir mit richtigen Wölfen arbeiten, aber wir konnten sie nicht nach England kriegen wegen der Tollwutquarantäne." So etwas ist typisch für die Schwierigkeiten beim Tiertransport.

Reynolds größte Herausforderung war die Arbeit mit den Tigern, die während des Kampfes zwischen Maximus und dem Gladiator Tigris von Gallien in die Arena springen, um Maximus zu attackieren. Branko Lustig wusste, auf was sie sich bei dieser Szene einließen: „Tiger sind einfach nur große Katzen. Man kann ihnen sagen, was sie tun sollen, aber sie hören nicht immer darauf."

„Ich sage immer zu den Leuten,
dass die Arbeit mit Tieren
ähnlich wie sehr schnelles Fahren ist.
Solange man sich konzentriert und sehr
vorsichtig ist, dürfte man keine
Probleme haben – aber man kann
immer im Straßengraben landen.
Das gleiche gilt für Tiger und Löwen.
Das einzig Vorhersehbare ist, dass
sie nicht vorhersehbar sind."

– TIERTRAINER SLED REYNOLDS –

115

VISUELLE UND SPEZIALEFFEKTE

Russell Crowe beschreibt *Gladiator* sehr passend als „gelungene Vermählung von altmodischen Werten der Filmkunst und supermoderner Technik." Tatsache ist, dass der Film ohne die Magie der Spezialeffekte nicht diese Wirkung hätte. Sie halfen den Filmemachern dabei, eine ungeheure Wucht zu erzeugen: in der großen Schlacht am Anfang, den atemberaubenden Gladiatorenkämpfen sowie bei Ridley Scotts gigantischer Vision vom antiken Rom.

Die ergänzenden Funktionen von visuellen Effekten (optische und digitale Effekte, die Computer-generiert sind) und Spezialeffekten (mechanische, prothetische und pyrotechnische Tricks) wurden im Vorfeld der Produktion sorgfältig geplant. Der erste Schritt bestand darin, die besten Leute für das Projekt zu bekommen. Scott engagierte als Verantwortlichen für die visuellen Effekte John Nelson und für die Spezialeffekte Neil Courbold. Nelson hatte am Liebesfilm *Stadt der Engel* mitgewirkt, außerdem in dem Thriller *Anaconda*, in *Cable Guy – Die Nervensäge, Wolf – Das Tier im Manne* und *Die Akte.* Courbold, der aus einer Familie von Experten im Bereich der Spezialeffekte stammt,

bekam für seine Arbeit an *Der Soldat James Ryan* und *Das fünfte Element* je einen BAFTA-Award.

Die schwierige Aufgabe, die VFX-Aufnahmen zu montieren, ging an die Firma Mill Film in London, die sich auf digitale Nachbearbeitung spezialisiert hat. Die Firma wurde 1990 gegründet, zu ihren Aktionären gehören auch Ridley Scott und sein Bruder Tony. Mill Film hat u. a. *Der Staatsfeind Nr. 1* und *Schweinchen Babe in der großen Stadt* bearbeitet. Schlüsselrollen fielen auch John Mathieson, verantwortlich für die Kamera, und Pietro Scalia, verantwortlich für den Schnitt, zu. Bald schon begann das Team, die Effekte zu planen: Welche Action könnte man live umsetzen? Welche praktischen Effekte könnte man verwenden? Und wie viel Digitaltechnik wurde benötigt?

Scott machte seine Einstellung von Anfang an klar. „Ridley war unerbittlich, er wollte keine Effekte nur um ihrer selbst willen", berichtet Nelson. „Er brauchte die Effekte, um die Wirkung der Weitwinkelaufnahmen zu vergrößern und um die überwältigende und erdrückende Größe Roms zu zeigen."

116

Die Planung jeder Aufnahme begann mit den Tintezeichnungen des Regisseurs, die seine Kollegen „Ridleygramme" nannten. Der Künstler Sylvain Despretz verwendete sie als Vorlage für seine Storyboards, die er für jede Aufnahme anfertigte, und half Nelson dabei, VFX-Aufgliederungen zu erstellen, die die Bereiche zeigten, wo CGI-Effekte die schauspielerische Leistung und die Örtlichkeit aufbessern und ergänzen würden.

Als die Drehorte alle feststanden, konnte man mit dem detaillierten Entwurf der Sets beginnen, die mit VFX-Technik gestaltet werden sollten. „Jeder Ort verlieh dem Film eine eigene grafische Qualität", erklärt Nelson. „Ridley sprach davon, dass am Anfang des Films die Farbe Blau vorherrschen solle mit einem weichen, kühlen, nördlichen Licht und nur ein bisschen Gold, das von den Feuern ausgeht. Im Laufe von Max' Entwicklung wird das Licht dann härter, in Rom ist es schließlich golden, mit tiefen, jähen Schatten."

Im Oktober 1998 reiste Nelson nach England, um mit den Kollegen von Mill Film, den Projektleitern

BILD OBEN: „Vorher/Nachher"-Aufnahmen: Digitale Fotos des Schlachtfelds in Germanien, erst die Aufnahme mit den echten Statisten, dann bearbeitet mit CGI-Technik, mit der die römischen Legionen vermehrt und Feuer und Explosionen ergänzt wurden.
BILD UNTEN: Eine VFX-Aufnahme, die die riesige Menge der römischen Zelte zeigt (CGI-Effekt).
BILD VORIGE SEITE OBEN: Sylvain Despretz' Zeichnung der römischen Frontlinie.

Tim Burke und Rob Harvey, dem Verantwortlichen für CGI-Technik Laurent Hugueniot und VFX-Produzentin Nikki Penny zusammenzuarbeiten. Sie entwickelten gemeinsam Konzepte dafür, wie sie Rom aufbauen, das Kolosseum bevölkern und die Schlacht in Germanien gestalten könnten.

Die Hauptaufgaben für die Schlacht in Germanien bestanden darin, die Übermacht der römischen Armee und ihre technischen Errungenschaften zu zeigen, pyrotechnische Effekte für den feurigen Höhepunkt zu arrangieren und mit einer Kombination aus Prothesen und digitalen Effekten ein realistisches Gemetzel zu kreieren. Die Darstellung des riesigen Römerlagers und der Schlacht war teilweise auch deshalb so schwierig, weil der Produktion weniger Statisten zur Verfügung standen als eigentlich vorgesehen waren. Scott und Nelson hatten vor, die 500 kostümierten Statisten für einen Kameraschwenk zu vervielfachen, der von dem Aussichtspunkt von Marcus Aurelius auf dem Hügel links ganz nach rechts reichte. „Tim Burke hatte die Idee, VistaVision-Aufnahmen zu machen (was standardmäßig gemacht wird, wenn eine Aufnahme digital nachbearbeitet werden soll) und dann drei Aufnahmen zusammenzumontieren", erzählt Nelson.

Das VFX-Team entwickelte außerdem Techniken, mit denen es die Schussweite der riesigen Katapulte erhöhen und diese in eine Aufnahme einsetzen oder aus einer Aufnahme herausnehmen konnte. Mit Hilfe

BILD OBEN: Digitalfoto eines Teils einer Luftaufnahme von Mill Film, von dem die meisten Elemente (Gebäude, das Kolosseum und die Zuschauer) mit CGI-Technik erstellt sind.

von visuellen Effekten wurden hunderte von brennenden Pfeilen zusätzlich zu den von den römischen Bogenschützen abgeschossenen ergänzt, sowie Rauch und Explosionen hinter den germanischen Truppen.

Das Team für die praktischen Spezialeffekte verlegte im Waldboden Hunderte von Metern an Stahlröhren, die etwa fünf Zentimeter dick waren und in die Propangas gepumpt wurde, um den Waldbrand zu inszenieren. Neil Corboulds Leute brauchten sechs Wochen für die Verlegung und dafür, die entsprechenden Sicherheitsvorkehrungen zu treffen. „Wir schritten den Drehort mit Ridley zusammen ab, und er entschied, wo die Pferde herkommen sollten", berichtet Courbold. „Wir planten sechs diagonale Feuerlinien, die in Intervallen gestaffelt angeordnet waren, so dass es, wenn die Kamera direkt auf diese Szene hielt, aussah, als sei die Kavallerie von einer riesigen Feuerwand umgeben."

Später unternimmt Maximus den heroischen aber vergeblichen Versuch, heimzukehren und seine Familie zu retten. Er wird zusammengeschlagen und wegtransportiert, um als Sklave verkauft zu werden. Er erlebt eine Phase der Orientierungslosigkeit und

BILD LINKS: Dank der CGI-Technik erhebt sich die Fassade des Kolosseums ganze vier Stockwerke hoch auf diesem Digitalbild.
BILD OBEN: In der Greenscreen-Fotobude wurden am Kolosseum-Drehort Digitalfotos von Statisten in verschiedenen Posen aufgenommen, die Mill Films später dazu verwendete, die Zuschauerränge des Kolosseums zu füllen.
BILD UNTEN: Das Innere des Kolosseums vor und nach der CGI-Bearbeitung.

Fieberphantasien, die VFX-Experte Wesley Sewell mit einer Reihe von halluzinationsartigen Bildern wiedergab, die Außenaufnahmen von Crowe mit Archivmaterial kombinierten. Farbe und Ablaufgeschwindigkeit wurden digital verändert.

Das Spezialeffekt-Team reiste mit der Produktion von Drehort zu Drehort. In Marokko stand die Herstellung von Prothesen und mechanischen Effekten im Vordergrund. Für die Kampfszene, in der die Gladiatoren aneinandergekettet sind, wurden viele „Amputationstricks" benötigt. Corbould erzählt: „Wir haben in einem großen Zelt eine Werkstatt eingerichtet, wo wir auch Latex bearbeiten konnten. Wenn wir also noch mehr Prothesen brauchten, stellten wir sie einfach am Abend vorher her." Da fast das ganze Set in Marokko aus der vorhandenen Stadt Ouarzazate bestand und die Arena wirklich aufgebaut wurde, beschränkte sich hier die Arbeit des VFX-Teams darauf, ein paar Geier über dem Amphitheater kreisen zu lassen.

Der Höhepunkt des Films in Rom war die größte Herausforderung für das Spezialeffekt-Team. Das Konzept, mit dem Scotts Vorstellung der Stadt realisiert wurde, war ein Ergebnis ausführlicher Diskussionen. „Wir haben schon früh über die Verwendung von Miniaturen gesprochen", sagt Nelson. Aber die endgültige Lösung bestand darin, auf die Ruinen von Malta aufzubauen und einen Teil des Kolosseums

BILD OBEN: Live-Action-Aufnahmen der Szene, in der Commodus nach Rom zurückkehrt. Rechts die Szene mit CGI-Ergänzungen. Ridley Scott wollte, dass Commodus' großartige Rückkehr nach Rom an Propagandafilme aus der Nazizeit erinnert wie zum Beispiel Leni Riefenstahls Triumph des Willens. „Wir gestalteten die Szene in monochromen Tönen", beschreibt Nelson, „fügten fallende Rosenblätter hinzu, vervielfältigten die Menschenmengen und ergänzten die Häuser, so dass sich Rom in die Ferne ausdehnte." Der weite Platz mit den versammelten Massen von Prätorianergarden ist fast vollständig CGI-generiert.

BILD UNTEN: VFX-Aufnahmen von Mill Films mit handgezeichneten Korrekturen von Ridley Scott. Für den Regisseur war die atmosphärische Aufnahme der Vogelschwärme über Rom sehr wichtig; sie ist vollständig CGI-generiert.

in voller Größe zu konstruieren. Mit Hilfe von CGI-Technik wurden dann noch die Sets nach Bedarf erweitert, Menschenmengen hinzugefügt und die Lichteffekte eingebaut, die der Regisseur sich vorstellte.

Herz und Seele Roms im zweiten Jahrhundert und damit des Films war das Kolosseum. Nelson berichtet: „In der Zeit, in der unsere Geschichte spielt, war das Kolosseum ungefähr hundert Jahre alt, deshalb musste es auch entsprechend gealtert aussehen. Ridley wollte, dass Rom verlebt wirkt und schon etwas am Abröckeln ist. Er überlegte sich mit Arthur Max zusammen eine Patina für das Kolosseum, und als diese feststand, konnten sich die Digitalspezialisten bei Mill Films mit der Materialbeschaffenheit befassen." Die komplizierte Bearbeitung des Kolosseums mit Spezialeffekten beinhaltete Sonnenstudien, Radiositätsanalysen (eine Technik zur Wiedergabe künstlich simulierten Lichts) und Fotogrammmetrie (die digitale Projektion von fotorealistischen Texturen auf Computer-generierte Oberflächen).

Der erste Blick auf das Kolosseum überbietet all die anderen CGI-Kunststücke. Die sogenannte „Blimp-Aufnahme", eine olympiareife Luftaufnahme des Stadions, überblickt und durchquert das Kolosseum, um dann in einer Arena-Perspektive des Kampfes, der in vollem Gange ist, anzukommen. Eine andere bemerkenswerte Aufnahme ist der 360-Grad-Schwenk mit der Steadicam, der Maximus und seine Gladiatoren umkreist, als sie zum ersten Mal die Arena betreten und das Spektakel einschließlich der Zuschauermengen auf den Rängen zu sehen bekommen.

Für diese und ähnliche Aufnahmen brauchte das VFX-Team eine tragfähige Strategie, um ihre 2.000 Statisten in 70.000 johlende und gestikulierende Fans zu verwandeln. „Laurence Hugueniot hatte die Idee, die Zuschauer einzeln aufzunehmen und sie in unsere 3D-Portionen des Stadions zu montieren", berichtet

Nelson. Hierfür fotografierte das Mill-Film-Team Publikumsdarsteller vor einem Greenscreen-Hintergrund mit Bluescreen-Farbstreifen auf ihren Kostümen, die dann digital umgefärbt werden konnten, um Vielfalt zu erhalten. Eine Fotobude mit Greenscreen und drei Betacam-Kameras wurde am Drehort aufgebaut, in der alle Statisten in verschiedenen Posen aufgenommen wurden: starrend, johlend, plaudernd, Daumen hoch, Daumen nach unten. Per Computer wurden die Aufnahmen dann in die Sitzreihen des Kolosseums positioniert. Hierfür wurde die Mill-Film-Software Crowd Builder verwendet.

Unten im Arenasand arbeiteten die Teams für praktische und visuelle Effekte eng zusammen bei Stunts und beim Schnitt, um atemberaubende Kämpfe wie die Karthagoschlacht zu gestalten, in der sechs Kampfwagen zu Bruch gehen und ihre Fahrer ein blutiges Ende finden, oder den Tigerkampf, bei dem überzeugend echte Tiger Russell Crowe schier zu zerreissen scheinen. Bei der Karthagoschlacht wurden Phil Neilsons Stunt-Team und Pietro Scalias Schnittkünste duch Neil Corboulds explosive physische Effekte ergänzt, während die digitalen Effekte in erster Linie den Weitwinkelaufnahmen vorbehalten blieben.

Spezialeffekt-Experte Corbould und Stuntkoordinator Neilson hatten sich schon im Vorfeld der Produktion anschauliche Szenen mit Verletzungen ausgedacht. Einer der dramatischsten Prothesentricks ist die Enthauptung eines germanischen Soldaten an einem Baum, die in der endgültigen Fassung des Films sehr schnell vorbei ist. Ein anderes Beispiel ist die Szene während der Karthagoschlacht, in der eine Wagenlenkerin (eine Puppe aus Fiberglas und Silikon) durch eine Klinge halbiert wird, die aus einem Wagenrad herausragt.

Die Inszenierung und Aufnahme des Tigerkampfes verlangte von allen Einfallsreichtum und den Einsatz eines animatronischen Tigers, den Pauline Fowler von der Firma Animated Extras unter der Aufsicht von

Corbould anfertigte. Diese Tigerpuppe war so groß, so schwer und so geformt wie ein echter Tiger. Sie konnte sich – wie im Storyboard verlangt – mit ihren Tatzen auf Maximus' Schulter stellen. An einer anderen Stelle wurde die Puppe an Drähten aufgehängt für die Aufnahme eines Sprungs.

Nachdem die Schauspieler aufgenommen worden waren, filmte Nelsons VFX-Team die Tiger mit den gleichen Kameraeinstellungen. „Wir filmten den Tiger, wie er mit der Tatze nach dem Pfleger schlägt, der ihn mit einem Stück Fleisch ködert", erzählt Nelson, „dann nahmen wir den Tiger aus der Auf-

BILD OBEN: Ridley Scott erklärt, wie sich der künstliche Tiger auf Maximus stürzen wird.
BILD UNTEN LINKS UND MITTE: Ein echter Tiger macht einen Satz, und Russell Crowe als Maximus stürzt sich in den Sand.
BILD UNTEN RECHTS: Die beiden Elemente, durch CGI-Technik zu einer Aufnahme zusammenmontiert.

nahme raus und montierten ihn auf unseren leeren
Film. Zusätzlich produzierten wir ein bisschen Staub
im Vordergrund, damit es echter aussah." Nahauf-
nahmen wurden mit einer Kombination aus echtem
Tiger, ein wenig von Corboulds animatronischem
Tiger und, als Maximus den Tiger ersticht, mit einem
Hauch Computer-generierten Stahls erreicht.

Nachdem der Hauptteil der Aufnahmen im Kasten
war, kehrte das Mill-Film-Team nach London an ihre
Computer zurück. Scott, Scalia und Nelson reisten zurück nach Los Angeles. Die Nachbearbeitung begann.
Die bearbeiteten VFX-Bilder wurden von London
durch Mills superschnelle Breitbandübermittlung zu
Scott nach Los Angeles geschickt. Der Zeitunterschied
von acht Stunden war für das Projekt sogar von Vorteil, weil dadurch rund um die Uhr an der Produktion
gearbeitet wurde. Scott reiste während der Nachbearbeitung sechs Mal nach London, um dann stun-
denlang mit einem der Mitarbeiter vor dem Computer
zu sitzen. Insgesamt wurden 90 VFX-Aufnahmen für
den Film hergestellt, und neun Minuten des endgültigen Films wurden von Mill Films produziert.

„Nachdem wir den ersten Zusammenschnitt des
Films gesehen hatten", erinnert sich John Nelson,
„sagte Ridley, er sei besonders stolz darauf, dass der
Film nicht wie ein großer VFX-Film wirke. Das war
ein echtes Kompliment. Nicht nur für die ganzen
Leute, die die visuellen Effekte gemacht hatten, son-
dern auch für Pietro Scalia. Die verschiedenen
Elemente sind so gut vermischt, dass man von der
Stimmung überwältigt und mitgerissen wird. Die
VFX-Technik war nur dazu da, die Geschichte und die
Figuren zu unterstützen, und die waren echt stark."

BILD OBEN: Russell Crowe in den Fängen des künstlichen
Tigers. Verzweifelt schlägt er nach dem Fuß seines Gegners
Tigris – eine Beinprothese.
BILD UNTEN: Spezialeffekte-Experte Paul Corbould arrangiert
eine sehr detailgetreue Kopfprothese eines germanischen
Kriegers, der in der Schlacht enthauptet wird.

„To Our Friend, Oliver Reed"

Am 2. Mai 1999, ungefähr drei Wochen vor dem Ende der Dreharbeiten an *Gladiator*, starb der Schauspieler Oliver Reed in Malta mit 61 Jahren an Herzversagen. „Ich war ziemlich schockiert, als ich das hörte", sagt Richard Harris, der Darsteller von Marcus Aurelius. „Das ist jammerschade, denn dieser Film hätte seine Karriere wiederbelebt." Und Russell Crowe fügt hinzu: „Oliver ist gestorben wie er gelebt hat. Ich glaube, das war eine seiner besten schauspielerischen Leistungen der letzten zehn Jahre – das ist wie ein Denkmal für ihn."

Allerdings war seine Rolle noch nicht zu Ende, ein paar wichtige Szenen mit dem von ihm gespielten Proximo fehlten noch. Man entschied sich, das Drehbuch ein bisschen zu verändern und ein paar Tricks in der Nachbearbeitung anzuwenden, damit Reeds letzte bravouröse Leistung zur Geltung kommen konnte. „Es war wie ein Puzzle", erzählt Ridley Scott. „Wir stellten drei Nahaufnahmen von drei verschiedenen seiner Szenen um." Und weiter berichtet er: „Ich stellte ein Double für ihn ein, der auf die Kamera zuläuft, stehenbleibt und spricht, und dann setzten wir Olivers CGI-Kopf auf den Körper des Doubles."

John Nelson erzählt: „Als Oliver von uns ging, waren wir alle sehr betroffen. Er hatte hervorragend gespielt, aber Ridley, Pietro, die Produzenten und ich wussten, dass wir nur ein paar kleine VFX-Tricks anwenden müssten, um seine Rolle vollständig zu machen. Pietro wählte Material aus, das wir von Oliver gedreht hatten, und wir montierten ihn einfach vor andere Hintergründe für die Szenen, die noch fehlten. An manchen Stellen änderten wir die Farbe seines Kostüms." Und er fügt hinzu: „Was wir da gemacht haben, ist wenig im Vergleich zu den anderen Aufgaben für den Film. Was Oliver geleistet hat, ist viel bedeutender. Sein Schauspiel war mitreißend und ergreifend. Wir haben ihm lediglich geholfen, es zu beenden."

BILD OBEN: Der verstorbene Oliver Reed in der Rolle des Proximo (Produktionsfoto).
BILD RECHTS: Oliver Reeds CGI-generiertes Abbild für die letzten fehlenden Szenen.

EIN TRAUM VON ROM

DIE HANDLUNG DES FILMS

GERMANIEN

Wir befinden uns im Jahre 180 n. Chr. Der Feldzug des römischen Kaisers Marcus Aurelius und seiner Legionen entlang der Donau, mittels welchem sie die germanischen Stämme in Schach halten, die die Grenzen des römischen Imperiums bedrohen, dauert schon viele anstrengende Jahre. Der brillante Befehlshaber über die Felix-Legionen ist Tribun Maximus Decimus Meridius, in Spanien geboren, loyaler Soldat Roms und enger Vertrauter des Kaisers. Er befindet sich nun schon „zwei Jahre, zweihundertvierundsechzig Tage und den heutigen Morgen" fern der geliebten Heimat und Familie.

Eine wichtige Schlacht steht bevor. Im Wald auf der anderen Seite des Tals, in dem sich das Lager der

Während der Wald schon lichterloh brennt, führt Maximus selbst auf dem Höhepunkt der Schlacht den Angriff der Kavallerie an, und schlägt den Feind vernichtend.

Nach dem Festgelage zur Feier des Sieges lässt der alte und schwer kranke Kaiser den Tribun in sein Zelt kommen, um ihm ein gewichtiges und wenig willkommenes Geschenk zu überreichen: Er soll nach Marcus' Tod als *Princeps* die Herrschaft über Rom übernehmen und das republikanische Erbe wiederherstellen. Marcus' Tochter Lucilla hätte das Talent zu regieren, darf es als Frau aber nicht. Als jedoch Commodus, der seinem Vater seit langem entfremdete Kaisersohn, von dessen Plan erfährt, ermordet er

Römer befindet, haben sich Horden von Germanen versammelt, die den Gesandten der Römer tot und ohne Kopf an sein galoppierendes Pferd gefesselt zurückgeschickt haben. Obwohl zahlenmäßig weit unterlegen, setzen sich die Römer in der grausamen Schlacht durch – dank ihrer außergewöhnlichen Disziplin und ihrer tödlichen Kriegsmaschinerie, die einen Feuerregen auf die Germanen niedergehen lässt.

Marcus, beansprucht den Kaiserthron und befiehlt den Mord an Maximus und seiner Familie. Während Commodus seine glorreiche Rückkehr nach Rom vorbereitet, gelingt es Maximus, die Prätorianer, die ihn umbringen sollen, zu töten. Mit ihren Pferden reitet er wie gehetzt quer durch Europa zurück zu seinem Weingut in den spanischen Bergen.

ANMERKUNG DER REDAKTION: In diesem Kapitel geben wir einen Überblick über die Filmhandlung, bestehend aus einer kurzen Zusammenfassung von jedem der drei „Akte", Actionszenen in Form von Storyboards von Sylvain Despretz sowie mit Szenenfotos illustrierten Auszügen aus dem endgültigen Drehbuch.

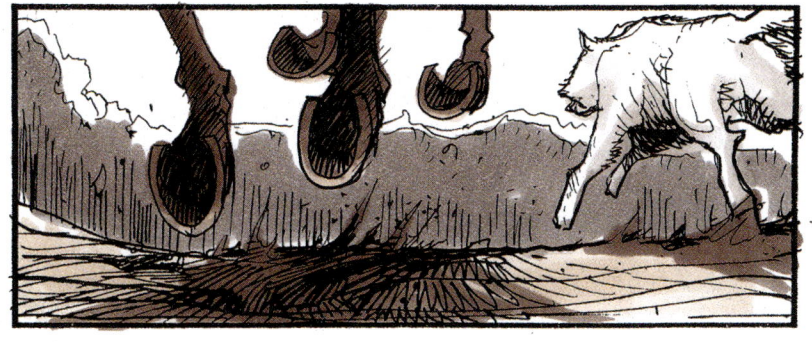

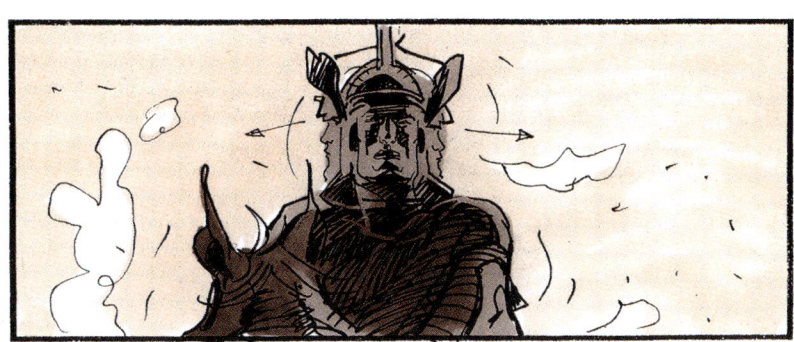

AUSSENAUFNAHME (TAG): GERMANISCHE FRONT – RÖMISCHE ANGRIFFSLINIE.

Die Soldaten, die die Katapulte bedienen, kurbeln die Katapultarme zurück, um die Geschosse, Gefäße mit Öl, zu laden.

SOLDAT AM KATAPULT

Katapulte bereit!

AUSSENAUFNAHME (TAG): POSITION DER RÖMISCHEN KAVALLERIE

Ein Bogenschütze legt einen Pfeil an, der ein Stück Stoff an der Spitze hat. Er hält ihn ins Feuer, spannt den Bogen und schießt den Pfeil ab. Die berittenen Soldaten sehen nach oben. Der Pfeil saust durch die Luft, höher und höher.

AUSSENAUFNAHME (TAG): RÖMISCHE ANGRIFFSLINIE.

Quintus sieht den Pfeil über die Baumwipfel fliegen. Hinter ihm befindet sich die Reihe der Bogenschützen, die Skorpione und die Batterie mächtiger Katapulte, geladen und mit maximaler Spannung zurückgekurbelt.

KOMMANDEUR DER BOGENSCHÜTZEN

Bogenschützen, anzünden!

AUSSENAUFNAHME (TAG): POSITION DER RÖMISCHEN KAVALLERIE

Die Kavallerie reitet auf Maximus' Zeichen an.

AUSSENAUFNAHME (TAG): RÖMISCHE ANGRIFFSLINIE.

KOMMANDEUR DER BOGENSCHÜTZEN

Die Bogen spannen!

Quintus gibt das Zeichen zum Abfeuern der Geschosse.

KOMMANDEUR DER BOGENSCHÜTZEN

Los!

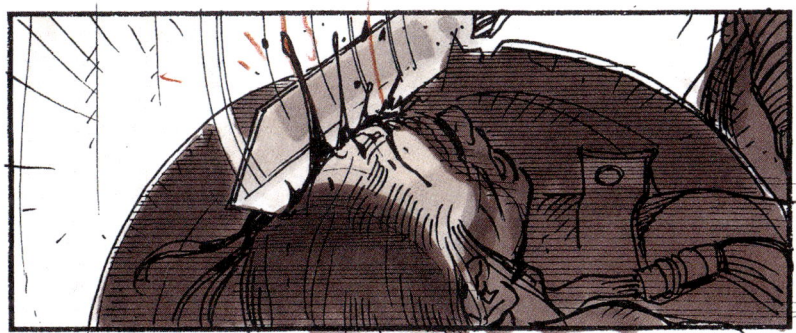

Der Mechanismus der Katapulte wird freigegeben, sie schießen hunderte von bauchigen Tontöpfen in die Luft, die in hohem Bogen auf die Bäume zufliegen.

Die Skorpione jagen einen Schauer tödlicher Bolzen hinterher. Auch die Bogenschützen erheben nun ihre brennenden Pfeile und schießen ihr flammendes Sperrfeuer ab.

Quintus hebt sein Schwert und gibt das Zeichen zum Angriff. Die gesamte Linie der römischen Infanterie bewegt sich gleichmäßig vorwärts.

AUSSENAUFNAHME (TAG): WALD – RÖMISCHE KAVALLERIE

Maximus gibt seinem Pferd die Sporen. Das ganze Kavallerieregiment stürmt an seiner Seite vorwärts und gewinnt rasch an Tempo.

MAXIMUS

Bleibt in Formation!

Sie rasen direkt auf die Feuerwand zu, wo vorher die Bäume standen, stampfen über den unebenen Boden und stürzen sich – mittlerweile in vollem Galopp – in die Flammen.

MAXIMUS

Folgt mir!

AUSSENAUFNAHME (TAG): SCHLACHTFELD

Die Germanen stürzen sich brüllend auf die anrückenden römischen Fußtruppen.

Die römische Infanterie bewegt sich in Formation hartnäckig vorwärts, die Soldaten schlagen mit ihren Kurzschwertern um sich, aber die Germanen kämpfen um ihr Leben und richten schwere Schäden an. Der Kampf entwickelt sich zu einem blutigen Gemetzel im Schlamm.

Maximus und seine schreienden Kavalleristen stürmen in vollem Galopp aus den Flammen hervor. Die Germanen drehen sich entsetzt um – sie sind zwischen zwei tödlichen Fronten gefangen. Die Reiter stürzen sich auf sie und metzeln sie nieder.

**INNENAUFNAHME (NACHT): RÖMERLAGER –
IM ZELT VON MARCUS AURELIUS**

Commodus betritt das Zelt des Kaisers, er nähert sich einer Marmorbüste und berührt sie.

MARCUS (aus dem Off)
Bist du bereit, für Rom deine Pflicht zu tun?

Commodus wendet sich seinem Vater zu.

COMMODUS
Ja, Vater.

MARCUS
Du wirst nicht Kaiser werden.

Commodus erstarrt bei diesen Worten. Er ist wie vom Blitz getroffen, aber es gelingt ihm, seinen Gesichtsausdruck unter Kontrolle zu behalten, während sein Gehirn arbeitet.

COMMODUS
Welcher ältere weise Mann soll meinen Platz einnehmen?

MARCUS
Ich übertrage meine Macht auf Maximus. Er wird so lange herrschen, bis der Senat die Verhältnisse wieder geordnet hat. Rom soll wieder eine Republik werden.

COMMODUS
Maximus...

Marcus streckt seine Hand nach Commodus' Gesicht aus, aber dieser weicht zurück.

MARCUS
Meine Entscheidung enttäuscht dich wohl.

Kurze Pause.

COMMODUS
Du hast mir einmal geschrieben und die vier größten Tugenden aufgelistet: Weisheit, Stärke, Gerechtigkeit und Mäßigung. Als ich das las, wusste ich, dass ich keine davon habe. Aber ich habe dafür andere Tugenden, Vater: Zum Beispiel Ehrgeiz. Er ist, wenn er zu großen Taten anspornt, eine Tugend. Einfallsreichtum. Mut, vielleicht nicht auf dem Schlachtfeld, aber es gibt viele Formen des Mutes. Ergebenheit meiner Familie gegenüber, und dir. Aber keine meiner Tugenden stand auf deiner Liste. Damals kam es mir schon so vor, als wolltest du mich nicht als Sohn.

MARCUS (tief traurig)
Oh, Commodus, jetzt gehst du zu weit.

COMMODUS (schluchzend)
Die Götter habe ich um Rat gefragt, wie ich dich wohl zufrieden stellen könnte, damit du stolz auf mich bist... Eine Umarmung, ein freundliches Wort, nur eine einzige Umarmung von dir, Vater, hätte für tausend Jahre die Sonne in meinem Herzen scheinen lassen. Was hasst du so an mir?

MARCUS
Schscht, Commodus ...

COMMODUS
Ich wollte doch nur immer deine Erwartungen erfüllen, Cäsar, Vater.

Commodus kann seine Tränen nicht mehr zurückhalten. Marcus ist tief berührt, er kniet vor seinem Sohn nieder und hebt seine Arme.

MARCUS
Commodus, deine Fehler als Sohn sind mein Versagen als Vater.

Commodus umarmt ihn, küsst ihn auf die Stirn und drückt ihn schluchzend an sich.

COMMODUS

Ich würde die ganze Welt abschlachten, wenn du mich nur lieben würdest...

Er presst das Gesicht des Vaters an seine Brust, was diesem den Atem nimmt. Marcus wehrt sich, aber Comodus hält ihn mit eisernem Griff fest, während die Tränen ihm immer noch über die Wangen laufen. Er lässt erst locker, als er spürt, dass der Körper seines Vaters schlaff in seinen Armen hängt.

AFRIKA

Als Maximus, halb tot vor Erschöpfung, heimkommt, trifft er auf seinen schlimmsten Alptraum: Sein Weingut ist niedergebrannt, und die verkohlten Leichen seiner Frau und seines Sohnes sind an Kreuze genagelt. Die Prätorianer waren vor ihm dagewesen. Banditen aus der Gegend, die von dem Rauch wie die Geier angezogen werden, finden den halb bewusstlosen Maximus und nehmen ihn gefangen. Kurz darauf wird er als Sklave über das Mittelmeer nach Nordafrika verschifft.

Aber er wird kein gewöhnlicher Sklave: Maximus kommt mit einer Wagenladung anderer kräftiger Gefangener in eine Provinzstadt, um dort Gladiator zu werden. Zusammen mit dem Numidier Juba, der aus einer Salzmine bei Karthago entführt wurde, und einigen anderen wird er von dem Gladiatorentrainer und Veteranen Proximo gekauft. Während des harten Trainings in Proximos Lager weigert sich Maximus zu kämpfen und spricht mit niemandem. Juba ist fasziniert von dem stolzen, schweigsamen Mann. Er pflegt dessen Wunden und gewinnt sein Vertrauen. Als Maximus und Juba einen grässlichen Kampf in der Arena bestehen müssen – die Gladiatoren sind alle paarweise an den Handgelenken zusammengekettet – kämpfen sie zusammen und überleben, indem sie alle erschlagen, die sie angreifen.

Proximo merkt, dass der „Spanier" jemand ist, wie er ihn schon lange nicht mehr zu Gesicht bekommen hat: nicht nur ein normaler Kämpfer, sondern ein aus-

gebildeter Krieger mit unbeugsamem Willen. Was ihn jedoch verblüfft, ist, dass Maximus' wachsende Beliebtheit in der Provinzarena dem Spanier völlig gleichgültig zu sein scheint. Dann erfährt Proximo, dass der neue Imperator Commodus große Gladiatorenspiele veranstalten will, ironischerweise zu Ehren seines verstorbenen Vaters. Maximus könnte, wenn er mitspielen würde, Proximos Eintrittskarte zurück nach Rom sein, und weg aus dem provinziellen Leben.

Proximo verrät Maximus, dass er selbst einst als Gladiator gekämpft und von dem großen Marcus Aurelius vor ein paar Jahren seine Freiheit zurückbekommen hat. Er ködert Maximus mit dem Versprechen, dass er, wenn er gut genug sei, eines Tages selbst

vor dem Kaiser stehen könne. Das ist es, was Maximus neue Energien schöpfen lässt. Er lebt jetzt nur noch, um sich an Commodus zu rächen, und wenn nur die Gunst der Zuschauer ihn in Reichweite seines Feindes bringen kann, dann wird er sie erringen.

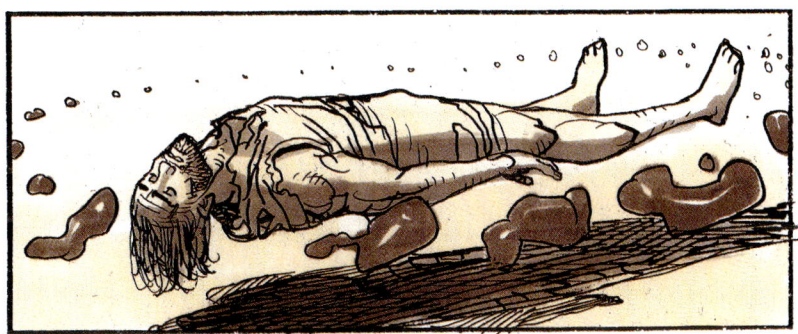

AUSSENAUFNAHME (MORGEN): WEINGUT

Man hört ein merkwürdiges Bimmeln. Maximus scheint tot zu sein.

Es wird klar, woher das Bimmeln kommt, sobald die Füße der Banditen sichtbar werden, die mit feinen Kettchen geschmückt sind. Sie schlurfen um Maximus herum. Eine Hand berührt ihn. Er wird gepackt und hochgezerrt.

AUSSENAUFNAHME (TAG/NACHT): MONTAGE-SEQUENZ

Maximus hat Fieberträume, zwischendurch ist er ab und zu bei Bewusstsein. Währenddessen gleitet eine öde Wüstenlandschaft an ihm vorbei.

Die Mauern seines Weinguts. Seine Hand streicht über Weizenhalme. Ein Kinderlachen aus der Entfernung.

Maximus' Hände streichen über trockene Wüstensteine.

AUSSENAUFNAHME (TAG): SKLAVENTRANSPORT

Maximus öffnet langsam seine Augen.

Nur Zentimeter von seinem Gesicht entfernt bellt ihn eine Hyäne an und schnappt nach ihm.

Seine Frau und sein Sohn stehen in einem Weizenfeld.

> **JUBA** (aus dem Off)
> Stirb nicht. Du wirst sie wiedersehen. Aber jetzt noch nicht.

Maximus öffnet erneut die Augen.

Ein kräftiger Mann, den wir später als Juba kennenlernen, kauert sich zu ihm und lächelt ihn an.

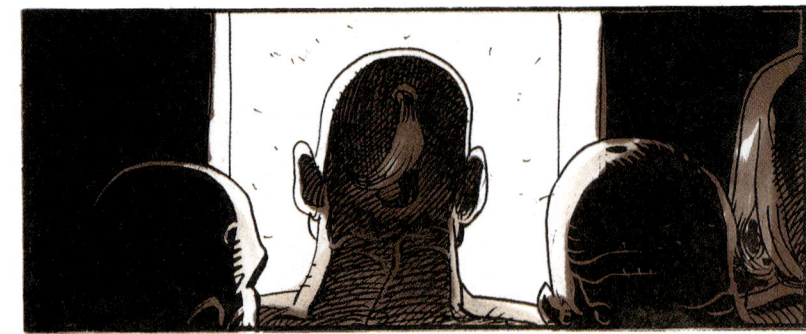

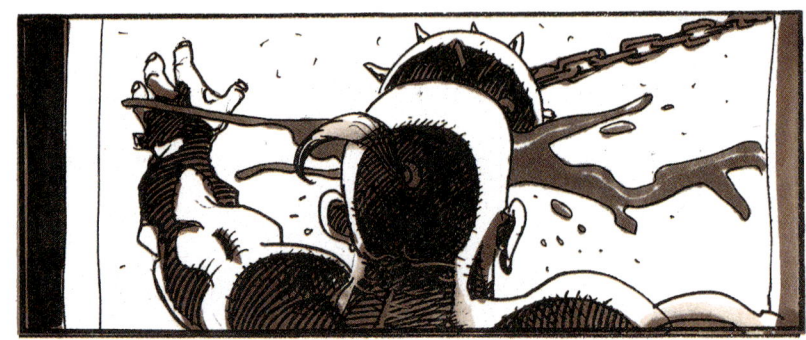

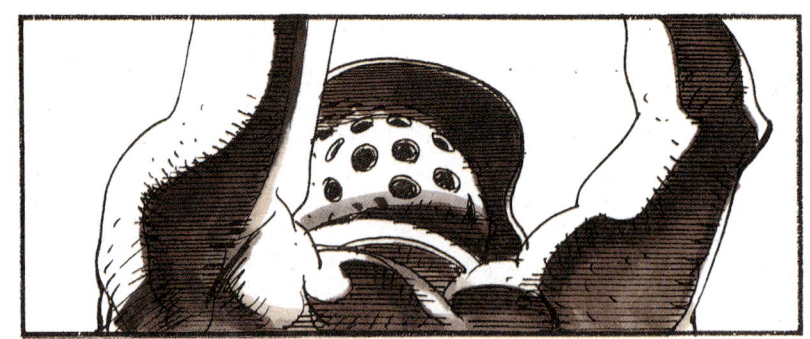

INNENAUFNAHME (TAG): TUNNEL ZUR PROVINZARENA

Maximus „wäscht" seine Hände mit einer Hand voll Erde, sein Ritual vor dem Kampf.

Die Schmiede legen den Gladiatoren Handschellen an und ketten sie in Zweiergruppen aneinander, der Abstand beträgt gut einen Meter. Die Methode ist offensichtlich, es wird immer ein „Roter" mit einem „Gelben" verbunden, ein guter Kämpfer mit einem sicheren Verlierer. Juba und Maximus werden zusammengekettet.

AUSSENAUFNAHME (TAG): PROVINZARENA

Die Zuschauer warten gespannt. Die Andabatae-Kämpfer bereiten sich darauf vor, die Gladiatoren abzuschlachten.

INNENAUFNAHME (TAG): TUNNEL ZUR PROVINZARENA

Die Gladiatoren warten am Tor zur Arena. Einer von ihnen hat solche Angst, dass sich eine Urinpfütze zu seinen Füßen bildet.

Die Tore der Arena schwingen auf. Die Silhouetten der wartenden Kämpfer sind im hellen Licht zu erkennen. Aus der Arena hört man Trommeln und die blutrünstigen Schreie der Menge.

Die Gladiatoren rennen in die Manege.

AUSSENAUFNAHME (TAG): PROVINZARENA

Ein Dutzend angsteinflößender Andabatae-Kämpfer in Rüstungen stürzt auf die Kamera zu. Zur Begeisterung des Publikums greifen sie die aneinander geketteten Gladiatoren an, und der Kampf beginnt.

Maximus und Juba laufen nebeneinander, die Kette hängt lose zwischen ihnen.

Hagen kämpft mit brutaler Kraft und zieht seinen weinenden Partner hinter sich her.

Juba kämpft gut und wehrt die brüllenden Angreifer ab. Maximus versetzt ihn durch die Geschicklichkeit, mit der er alle Attacken abblockt, in Erstaunen.

Hagens Partner wird getötet. Hagen hackt dessen Hand ab und befreit sich so von seinem toten Gewicht. Er kann jetzt frei kämpfen; als zusätzliche Waffe schwingt er die Kette.

Maximus und Juba halten die Stellung, und jeder, der sie angreift, stirbt. Es ist ein außergewöhnliches Schauspiel von Zusammenarbeit, eiskalter Nerven und brutaler Kraft.

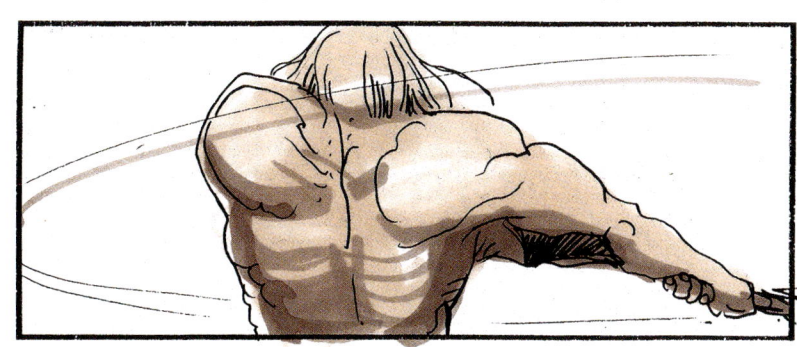

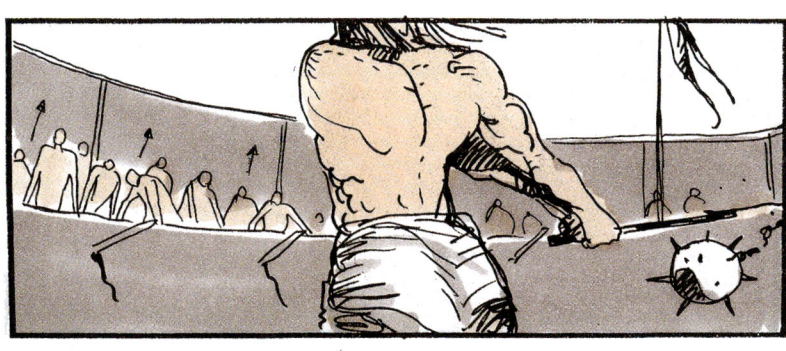

AUSSENAUFNAHME (ABEND): PROXIMOS GLADIATORENSCHULE – TERRASSE

Proximo steht auf einer Terrasse, die sein Lager über-schaut. Maximus steht vor ihm.

PROXIMO
Was willst du? Mmmh? Ein Mädchen? Einen Knaben?

MAXIMUS
Du hast mich rufen lassen?

Proximo bemerkt den kaum versteckten Mangel an Respekt eines Mannes, der eigentlich sein Sklave ist.

PROXIMO
Ja, richtig. Du bist gut, Spanier, aber so gut bist du auch nicht. Du könntest überragend sein.

MAXIMUS
Es wird verlangt, dass ich töte, also töte ich. Das reicht doch wohl.

PROXIMO
Das mag für die Provinz reichen, aber nicht für Rom.

Proximo wirft einer Hyäne, die in der Ecke festgekettet ist, etwas zu essen hin.

PROXIMO (zufrieden)
Der junge Kaiser hat eine Reihe von Veranstaltun-gen angesetzt – zum Gedenken an seinen Vater Marcus Aurelius. Ich finde das amüsant, da es

Marcus Aurelius war, der weise, allwissende Marcus, der uns abgeschafft hat.

Nach einer Pause.

PROXIMO (zufrieden)
Hmmm ... Jetzt endlich, nach fünf Jahren kümmer-lichen Dahinvegetierens in flohverseuchten Dör-fern kehren wir dahin zurück, wo wir hingehören – ins Kolosseum. Oh, du solltest das Kolosseum sehen, Spanier! Fünfzigtausend Römer beobachten jede Bewegung deines Schwertes und wollen den Todesstoß sehen. Die Stille, bevor du zustößt ... Und der tosende Jubel danach, er wird lauter, lau-ter, immer lauter, wie ein ... ein ... ein Sturm, als wärst du der Donnergott selbst.

Er hält inne, seine Augen glänzen. Maximus bemerkt es.

MAXIMUS
Du warst ein Gladiator.

Proximo wendet sich ihm geistesabwesend zu. Dann kehrt er in die Gegenwart zurück. Er nickt.

PROXIMO
Ja, das war ich.

MAXIMUS
Und man gab dir die Freiheit?

PROXIMO
Vor langer Zeit bekam ich vom Kaiser einen Rudius überreicht, das ist ein ... ein ... ein Holz-schwert. Es ist ein Symbol der Freiheit. Er berührte mich an der Schulter, und ich war frei.

MAXIMUS (lacht skeptisch)
Du kanntest Marcus Aurelius?

PROXIMO (grollend)
Ich habe nicht gesagt, dass ich ihn kannte. Ich habe gesagt, dass er mich an der Schulter berührte.

Kurze Pause.

MAXIMUS
Du fragst mich, was ich will? Auch ich möchte einmal vor dem Imperator stehen. So wie du.

PROXIMO
Dann höre auf mich! Lerne von mir! Ich war nicht der Beste, weil ich schnell getötet habe; ich war der Beste, weil die Menge mich liebte. Gewinne die Menge, und du bekommst deine Freiheit!

Maximus denkt über die Worte nach.

MAXIMUS

Ich werde die Menge für mich gewinnen.
Ich werde ihnen etwas geben, was sie noch nie
gesehen haben.

**AUSSENAUFNAHME (ABEND): AUF DER MAUER,
DIE PROXIMOS LAGER UMGIBT**

Maximus und Juba stehen auf der hohen Mauer
und sehen auf die unendliche Wüste hinaus und
zu den fernen Bergen hin.

JUBA

Es ist irgendwo dort hinten, mein Land, meine
Heimat. Mein Weib kocht das Essen, meine
Töchter holen Wasser vom Fluss. Werde ich sie
je wiedersehen? Ich denke nein.

MAXIMUS

Glaubst du, dass du sie wiedersiehst, wenn du
stirbst?

JUBA

Ganz sicher. Aber wenn... wenn ich bald sterbe,
werden sie noch viele Jahre am Leben sein. Das
heißt, ich muss warten.

MAXIMUS

Aber du würdest... warten?

JUBA

Ja, natürlich.

Kurze Pause.

MAXIMUS

Weißt du... meine Frau... und mein Sohn... warten
bereits auf mich.

JUBA

Du wirst sie wiedersehen. Aber noch nicht. Jetzt
noch nicht.

MAXIMUS

Ja... noch nicht... noch nicht.

ROM

Als Proximos Gladiatorentransport durch die Tore Roms rollt, gewöhnt sich die Hauptstadt gerade mit Schwierigkeiten an ihren neuen Imperator. Commodus behandelt den Senat und seinen Vorsitzenden Gracchus mit offener Verachtung. Lucilla, die von Commodus geliebt wird, und der er vertraut, bemüht sich geschickt, zu vermitteln, aber sie macht sich Sorgen um die Zukunft ihres kleinen Sohnes Lucius – denn er ist nächster in der Thronfolge.

Maximus gewinnt einen Kampf nach dem anderen, und Commodus wird rasend vor Frustration. Er will seinen Feind vernichten, ersehnt aber die Zuneigung des römischen Volkes, das nun Maximus als Helden verehrt. Ermutigt von der Hoffnung auf die Wiederherstellung eines vernünftigen Regimes, beschließen Lucilla und Gracchus, Maximus zu befreien, ihn mit seinen Truppen zu vereinigen und einen Putsch durchzuführen. Aber Commodus deckt die Verschwörung auf und ver-

Proximos Gladiatoren müssen bei ihrem ersten Auftritt im Kolosseum die todgeweihten Karthager spielen, die Roms Legionen unter Scipio Africanus unterliegen sollen. Aber Maximus ruft seine Männer zur Disziplin auf und erringt einen überwältigenden Sieg. Commodus besteht darauf, den mysteriösen „Spanier" kennen zu lernen, und Maximus' wahre Identität wird enthüllt. Noch mehr als Commodus ist Lucilla schockiert, die Maximus nahestand, als die beiden jung waren, und die um ihn getrauert hat.

eitelt sie. Er nimmt Gracchus fest und bringt Lucilla zum Schweigen, indem er ihren Sohn Lucius als Geisel nimmt. Mit dem Vorhaben, Roms Herz zu erlangen, kündigt Commodus an, er werde mit Maximus von Mann zu Mann kämpfen. Heimlich jedoch verletzt er diesen vor dem Kampf tödlich. Trotzdem besiegt und tötet Maximus mit übermenschlicher Anstrengung seinen Peiniger in der Arena; dann stirbt er selbst, und kann endlich seine Lieben im Jenseits wiedersehen.

**INNENAUFNAHME (TAG): KAISERPALAST –
HALLE**

Gracchus spricht mit Commodus. Die Senatoren haben
sich versammelt. Commodus spielt ruhelos mit seinem
Schwert, während er zuhört. Es dauert ihm alles zu
lange, er wird ungeduldig. Lucilla sitzt an der Seite, hört
zu und beobachtet.

GRACCHUS
Zu deiner Orientierung, Cäsar, der Senat hat eine
Reihe von Plänen vorbereitet, um die vielen Probleme der Stadt zügig anzugehen. Als Erstes müssen
wir uns um die Hygiene im griechischen Viertel
kümmern, um die Pest zu bekämpfen, die dort im
Begriff ist auszubrechen. Also wenn Cäsar da ...

COMMODUS
Schschsch ... Erkennst du das nicht, Gracchus,
genau das ist das Problem.

Er steht auf, geht umher.

COMMODUS
Mein Vater hat sein ganzes Leben mit dem Studi-
um verbracht, mit Büchern, Schriften, Philosophie.
In den Abendstunden las er immer die Schriftrollen
des Senats. Und das Volk wurde die ganze Zeit
vergessen.

GRACCHUS
Aber der Senat ist das Volk, mein Kaiser. Aus den
Reihen des Volkes gewählt, um für das Volk zu
sprechen.

COMMODUS
Ich bezweifle, dass viele aus dem Volk so gut spei-
sen wie du, Gracchus. Oder so hübsche Geliebte
haben, Gaius. Ich glaube, ich verstehe mein Volk.

GRACCHUS
Dann sei vielleicht so gut und belehre uns aus dem
Fundus deiner reichhaltigen Erfahrung!

COMMODUS
Ich nenne es Liebe. Ich bin ihr Vater. Sie sind meine
Kinder. Ich werde sie in die Arme nehmen und fest
an meine Brust drücken ...

GRACCHUS
Hast du jemals einen sterbenden Pestkranken
umarmt?

COMMODUS
Nein, aber wenn du mich noch einmal unter-
brichst, wirst du es tun. Das versichere ich dir.

Lucilla unterbricht, bevor es noch unangenehmer wird.

LUCILLA
Senator, mein Bruder ist sehr müde. Überlasst mir
eure Liste. Der Kaiser wird alles tun, was Rom
verlangt.

Commodus dreht sich um und verlässt die Halle. Die
Senatoren verbeugen sich. Gracchus lächelt Lucilla zu.
Er respektiert ihre politischen Fähigkeiten.

GRACCHUS
Lucilla, wie immer nötigt uns deine charmante Art
Gehorsam ab.

Die Senatoren gehen.

**INNENAUFNAHME (TAG): KAISERPALAST –
GEMÄCHER**

Lucilla gesellt sich zu Commodus in dessen Gemächern.

COMMODUS (aufgebracht)
Wie können sie es wagen, mich zu tadeln?

LUCILLA
Commodus, der Senat hat seinen Nutzen.

COMMODUS
Welchen Nutzen? Sie reden doch nur. Es sollten
nur wir beide sein – und Rom.

LUCILLA
Daran darfst du nicht einmal denken. Es hat immer
einen Senat gegeben.

COMMODUS
Rom hat sich verändert. Und nur ein Imperator kann dieses Imperium beherrschen.

LUCILLA
Natürlich, aber lass dem Volk seine ...

Sie sucht nach einem passenden Wort.

COMMODUS
Illusionen?

LUCILLA
Traditionen.

Aber Commodus ist ein neuer Gedanke gekommen.

COMMODUS
Mein Vater hat mit seinem Krieg gegen die Barbaren – und das hat er sogar zugegeben – nichts erreicht. Aber das Volk liebte ihn.

LUCILLA
Selbstverständlich liebt das Volk Siege.

COMMODUS
Warum? Sie sehen die Schlachtfelder nicht. Was interessiert sie an Germanien?

LUCILLA
Sie interessiert mehr die Größe Roms.

COMMODUS
Die Größe Roms! Was, bitte schön, ist das?

LUCILLA
Es ist ein Gedanke. Größe ... Größe ist eine Vorstellung.

COMMODUS
Genau, eine Vorstellung. Du scheinst es nicht zu verstehen. Ich werde dem Volk eine Vorstellung von Rom geben, und es wird mich dafür lieben. Und bald wird es die lächerlichen Vorträge alter Männer verabscheuen.

Er streckt seinen Arm nach ihr aus, ergreift ihre Hand und küsst sie.

COMMODUS
Ich gebe dem Volk die größte Vorstellung seines Lebens.

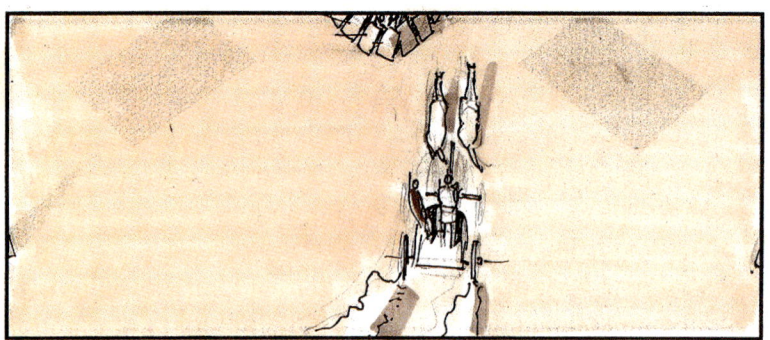

AUSSENAUFNAHME (TAG): KOLOSSEUM – ARENA

Die Menge bricht in Jubelstürme aus, als sich die riesigen Tore am einen Ende der Arena plötzlich öffnen und sechs Streitwagen hereinstürmen. Auf jedem Wagen steht ein Lenker und ein Schütze, entweder mit Pfeil und Bogen oder mit einer Lanze. Beide tragen eine Kostümierung, die an die bekannte römische Lorica Segmentata (Schienenpanzer) erinnert. Außerdem sind Kriegerinnen mit Brustpanzern aus Bronze dabei.

Die Kampfwagen brausen um die Arena und treiben dadurch die zwanzig Gladiatoren in der Mitte zusammen. Eine Staubwolke verdeckt alles.

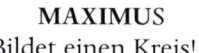

Maximus taxiert die Situation und ihre Schutzlosigkeit. Während die schreckliche Gefahr um sie herumwirbelt, dreht er sich fast instinktiv um und sieht einen Speer durch den Staub fliegen.

Der Speer bohrt sich in einen der Gladiatoren und tötet ihn augenblicklich. Er bricht zusammen.

MAXIMUS
Bildet einen Kreis!

Die Gladiatoren rotten sich unter Maximus' Führung zusammen.

Die Menge beobachtet atemlos das Finale des Kampfs.

AUSSENAUFNAHME (TAG): KOLOSSEUM – ARENA

Die Menge johlt. Maximus erscheint vor seinem Tor. Er trägt ein Schwert und einen runden Schild.

Von der kaiserlichen Loge aus betrachtet ihn Commodus genau.

COMMODUS
Sie feiern ihn, als wäre er einer von ihnen.

LUCILLA
Der Pöbel ist wankelmütig. In einem Monat hat man ihn vergessen.

COMMODUS
Nein, viel früher schon.

Sie schaut ihn an und versteht nicht ganz.

COMMODUS
Dafür wurde gesorgt.

Maximus betrachtet den Gallier Tigris. Nur ein Mann mit einem Schwert und einer Axt? Maximus nimmt eine Handvoll Erde vom Boden und reibt sie zwischen den Händen.

TIGRIS
Wir, die Todgeweihten grüßen dich!

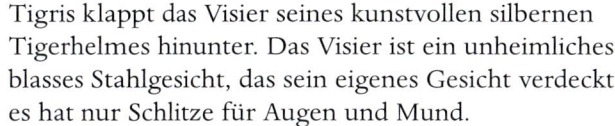

Tigris klappt das Visier seines kunstvollen silbernen Tigerhelmes hinunter. Das Visier ist ein unheimliches, blasses Stahlgesicht, das sein eigenes Gesicht verdeckt, es hat nur Schlitze für Augen und Mund.

Tigris kickt Sand in Maximus' Richtung und beginnt seine Attacke. Das Schwertgefecht ist sehr schnell, sie schlagen und parieren und hacken wie die Blitze, sie greifen dauernd an. Sie scheinen genau gleich stark zu sein.

Dann fällt Maximus zu Boden. Direkt hinter ihm vibriert der Boden... Plötzlich öffnet sich eine Falltüre, und ein knurrender bengalischer Tiger springt in die Arena. Er wird von einer Kette gehalten. Die Gehilfen von Tigris haben die Kette durch ein Flaschenzugsystem im Griff. Maximus und Tigris kämpfen weiter. Eine weitere Falltüre geht auf, und ein weiterer Tiger springt in die Arena.

Ein dritter und ein vierter folgen! Die Tiger umkreisen die beiden kämpfenden Krieger. Tigris' Gehilfen lassen die Tiger mal lockerer, dann ziehen sie wieder an. Maximus gelingt es, Tigris die Axt aus der Hand zu schlagen. Die Gehilfen lassen einen Tiger etwas lockerer und das Tier macht einen Satz auf Maximus zu und wirft sich auf ihn. Maximus ersticht die Raubkatze und das Tier rollt tot von ihm herunter. Tigris greift wieder an und ist gerade dabei, die Oberhand zu gewinnen, als Maximus ihn mit seiner eigenen Axt in den Fuß hackt. Blut

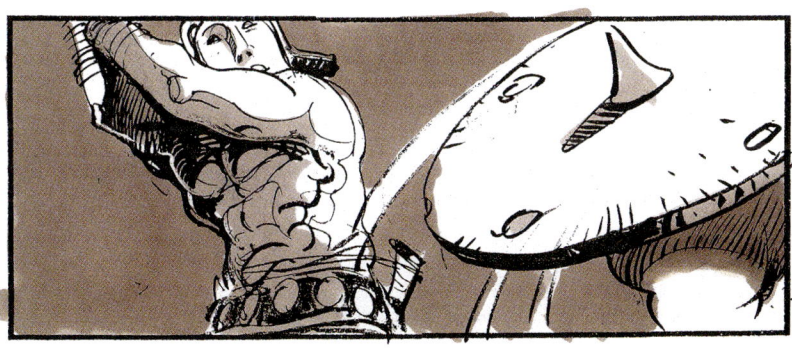

spritzt und Tigris brüllt vor Schmerz. Maximus stößt ihn in den Sand. Er verwendet nochmals die Axt, diesmal um Tigris' Visier hochzuschieben. Die Menge johlt: „Tod! Tod!" Ihre Daumen zeigen nach unten, sie drängen Maximus, den Kopf von Tigris abzuhacken.

AUSSENAUFNAHME (TAG): KOLOSSEUM, ARENA

Maximus fällt in den Sand. Lucilla rennt durch die Arena zu ihm hin. Sie kniet bei ihm nieder.

LUCILLA

Maximus …

Maximus' sterbende Augen flattern, er flüstert ihr zu:

MAXIMUS

Lucius ist in Sicherheit.

Sie weint und flüstert:

LUCILLA

Geh zu deiner Familie!

Maximus schließt seine Augen. Sein Kopf fällt zur Seite. Sein Körper scheint abzuheben und über dem Arenasand zu schweben.

Szenenwechsel: Maximus' Weingut, der Obstgarten. Seine Frau und sein Sohn stehen da und warten auf ihn. Sein Sohn sieht ihn kommen und läuft auf ihn zu. Maximus schreitet durch das Kornfeld und nähert sich seiner Familie …

Szenenwechsel: Arena. Maximus ist tot. Lucilla schließt zärtlich seine Augen.

LUCILLA

Du bist zu Hause.

Als sie sich erhebt, beobachtet die ganze Arena jede ihrer Bewegungen. Sie richtet sich auf und spricht zu den Senatoren; nur ein leichtes Zittern in ihrer Stimme verrät ihre Gefühle.

LUCILLA

Ist Rom das Leben eines guten Mannes wert? Wir glaubten es einmal. Macht, dass wir es wieder glauben!

DreamWorks Pictures und Universal
Pictures präsentieren
Einen RIDLEY SCOTT Film
Eine DOUGLAS WICK Produktion
in Zusammenarbeit mit
SCOTT FREE PRODUCTIONS

GLADIATOR

Regie RIDLEY SCOTT

Drehbuch DAVID FRANZONI und
JOHN LOGAN und
WILLIAM NICHOLSON

Idee DAVID FRANZONI

Produktion DOUGLAS WICK,
DAVID FRANZONI, BRANKO LUSTIG

Ausführende Produzenten
WALTER F. PARKES und
LAURIE MACDONALD

Kamera
JOHN MATHIESON

Produktionsgestaltung ARTHUR MAX

Schnitt PIETRO SCALIA

Kostüme JANTY YATES

Visuelle Effekte
JOHN NELSON

Musik HANS ZIMMER und LISA
GERRARD

Besetzung LOUIS DIGIAIMO

Mitproduzent TERRY NEEDHAM

DARSTELLER

Maximus	RUSSELL CROWE
Commodus	JOAQUIN PHOENIX
Lucilla	CONNIE NIELSEN
Proximo	OLIVER REED
Marcus Aurelius	RICHARD HARRIS
Gracchus	DEREK JACOBI
Juba	DJIMON HOUNSOU
Falco	DAVID SCHOFIELD
Gaius	JOHN SHRAPNEL
Quintus	TOMAS ARANA
Hagen	RALF MOELLER
Lucius	SPENCER TREAT CLARK
Cassius	DAVID HEMMINGS
Cicero	TOMMY FLANAGAN
Tiger	SVEN-OLE THORSEN
Slave Trader	OMID DJALILI
Praetorian Officer	NICHOLAS McGAUGHEY
Scribe	CHRIS KELL
Assassin #1	TONY CURRAN
Assassin #2	MARK LEWIS
Valerius	JOHN QUINN
Praetorian Guard #1	ALUN RAGLAN
Engineer	DAVID BAILIE
German Leader	CHICK ALLEN
Giant Man	DAVE NICHOLLS
Rome Trainer #1	AL HUNTER ASHTON
Narrator	BILLY DOWD
Lucius' Attendant	RAY CALLEJA
Maximus' Wife	GIANNINA FACIO
Maximus' Son	GIORGIO CANTARINI
Stunt Coordinator	PHIL NEILSON
Maximus' Stunt Doubles	STUART CLARKE
	PETER WHITE
Maximus/Tiger Double	RANDY SCOTT MILLER

Stunts ... SEBASTIAN ABBATIELLO
EUGENIO ALONSO, CARLO ANTONIONI
BEN BELLMAN, GEORGES BRANCHE
MANUEL CABRERA, SERGIO CASADEI
ALESSANDRO CASALINO
VIKTOR CERVENKA, ALEJANDRO COBO
EUGENE COLLIER, GIANLUCA COPPETTA
FORBES COWAN, RICARDO CRUZ
MICHEL DIDIER, WALTER DIFRANCESCO
PETER DROZDA, ZDENEK DVORACEK
MOHAMMED ENAHAL, NEIL FINNIGHAN
KAMIL FOJTIK, ALEJANDRO GARCIA
JOSS GOWER, CARLTON HEADLEY
ANDY HRIC, MARTIN HUB
CHARLES JARMAN, CHUCK JEFFREYS
KEVIN JOHNSON, MORGAN JOHNSON
RADOWAN KAK, VINCENT KEANE
IVO KRISTOF, MICHAEL IAN LAMBERT
DEREK LEA, STEPHANE LELIEVRE
MIROSLAV LHOTKA, GUY LIST
TREVOR LOVELL, TONY LUCKEN
TOM LUCY, ROBBIE MacFARLANE
CHRIS MANGER, IVAN MICA
PETER MILES, GRAHAM MULLINS
MUSTAPHA NATOURI, MIROSLAV NAVRATIL
MARK NEWMAN, RAY L. NICHOLAS
PETER OLGYAY, JANE OMOROGBE
HERNAN ORTIZ, PAULINE RICHARDS
MARC ROBERTS, JEAN-PHILLIPE ROMAN
KEN SCOTLAND, JOSE MARIA SERRANO
DAVID SLAIVRE, C. C. SMIFF
GORDON SMITH, BRIAN SMYJ
EDDIE STACEY, R. J. STEEL
JENNIFER STOUTE, MAREK TOTH
MARTIN UHROVCIK, PAVEL VOKOUN
IAN WALKER, SEORAS WALLACE
DAVID WEISS, TUBARDH WILSON

CREW

Unit Production Manager	BRANKO LUSTIG
First Assistant Director	TERRY NEEDHAM
Second Assistant Director	ADAM SOMNER
Second Unit Director	
Second Unit Director of Photography	ALEXANDER WITT
Special Visual Effects by	MILL FILM, LONDON
Production Supervisor	TY WARREN
Unit Manager	JUDI BUNN
Set Decorator	CRISPIAN SALLIS
„A" Camera Operator	PETER TAYLOR
„B" Camera and Steadicam Operator	KLEMENS BECKER
„A" Camera Focus Puller	SIMON HUME
„B" Camera Focus Puller	SASCHA MIEKE
„A" Camera Clapper Loader	CRAIG BLOOR
„B" Camera Clapper Loader	TOM McFARLING
Clapper Loader	CIRO CANDIA
Camera Technician	AGAPIOS LOUKA
Still Photographer	JAAP BUITENDIJK
Script Supervisor	ANNIE WOTTON
Supervising Sound Editor	PER HALLBERG
Re-Recording Mixers	SCOTT MILLAN
	BOB BEEMER
Production Sound Mixer	KEN WESTON
Boom Operator	COLIN CODNER
Cableman	SAM STELLA
Video Operator	LESTER DUNTON
Chief Lighting Technician	ROGER LOWE
Assistant Chief Lighting Technician	ANDY COLE
Electricians	VIC CHANDLER
	GARY NAGLE
	FRED TODD
	DAVE McWHINNIE
Rigging Electrical Gaffers	LARRY PRINZ
	ALAN WILLIAMS
Rigging Electrical Best Boy	TERRY EDEN
Generator Operator	DAVID BRUCE
Key Grips	DAVID APPLEBY
	RUPERT LLOYD-PARRY
Best Boy Grip	ADRIAN McCARTHY
Camera Grip	PHIL MURPHY
Crane Operator	COLIN HAZELL
Property Master	GRAEME PURDY
Assistant Property Master	PETER HOOPER
Standby Props	MICKEY WOOLFSON
	KIERON McNAMARA
	STEPHEN McDONALD
	MICKEY PUGH (Consulting)
Dressing Props Supervisors	DENIS HOPPERTON
	MAURIZIO JACOPELLI (Italy)
	LUCIANO CECCOTI (Italy)
Dressing Props	WILLIAM HARGREAVES
	ROBERT SHERWOOD
	BEN WILKINSON
	STEVE PAYNE
	C. MacDONALD
	J. FOX
	PETER BIGGS
Senior Propmakers	ROLAND STEVENSON
	LEE BIGGS
	DAVID ATKINSON
	MALCOLM KEANE
Drapery Master	COLIN FOX
Drapesman	STEPHEN ASHBY
Buyer	LUCINDA STURGIS
Supervising Armourer	SIMON ATHERTON
Armourers	TOMMY DUNNE
	ALAN HAUSMANN
	WILLIAM ENGLEFIELD
	PAUL CASTLEMAN
Mr. Crowe's Armourer	IVO COVENEY
Special Effects & Prosthetic Supervisor	NEIL CORBOULD

Floor Supervisor .... PAUL CORBOULD
Special Effects .... JOHN EVANS
                        BARRY WHITROD
                        NORMAN BAILLIE
                        DAVE WATKINS
                        STEVE WARNER
                        LEE RIDER
                        SIMON QUINN
                        CAIMIN BOURNE
                        DAVE WILLIAMS
                        IAN CORBOULD
                        JASON McCAMERON
                        RAY LOVELL
                        TIM MITCHELL
                        ANNE MARIE WALTERS
Special Effects Assistant .... CAROL McAULAY
Animatronic Supervisor .... KEVIN HERD
Animatronic Designer ...... ASTRIG AKSERALIAN
Prosthetic Floor
    Supervisor .... MICHELLE TAYLOR
Prosthetic Designer .... JOHN SCHOONRAAD
Costume Supervisor ...... ROSEMARY BURROWS
Assistant Costume
    Designer .... SAMANTHA HOWARTH
Wardrobe Master .... WILLIAM McPHAIL
Mr. Crowe's Dresser .... MICHAEL CASTELLANO
Costumers .... TIM SHANAHAN
                        BRUNO DE SANTA
                        AMANDA TREWIN
                        WILLIAM STEGGLE
                        ANDREA CRIPPS
                        JOHN LAURIE
                        DAVE WHITEING
                        TIM GUTHRIE
                        PETER EDMONDS
                        NEIL MURPHY
                        ANABEL CAMPBELL
                        PETER HORNBUCKLE
                        RUPERT STEGGLE
                        DAVID EVANS
Key Makeup Artist .... PAUL ENGELEN
Makeup Artists .... TREFOR PROUD
                        MELISSA LACKERSTEEN
                        JO ALLEN
                        LAURA McINTOSH
Key Hair Stylist .... GRAHAM JOHNSTON
Hair Stylists .... CARMEL JACKSON
                        MARESE LANGAN
                        ANITA BURGER
                        ALEX KING
                        EMMA SHELDRICK
Production Coordinator ..... SALLIE BEECHINOR
Assistant Production
    Coordinator .... LESLEY KEANE
Production Controller .... JIM TURNER
Production Accountant .... CRYSTAL A. HAWKINS
Assistant Production Accountant ... HELENA RUIZ
Assistant Accountants .... BETTY WILLIAMS
                        SYLVIA MACKINTOSH
                        CARMEL CASSIDY
                        NOLAN MEDRANO
                        JOAN M. ZULFER
Post Production Accountant ..... MARIA DEVANE
Second Assistant Director .... HANNAH QUINN
Third Assistant Director .... EMMA HORTON
U.K. Casting by .... KATHLEEN MACKIE

U.S. Casting Associate ... STEPHANIE CORSALINI
Gladiator and Crowd Casting .... BILLY DOWD
Casting Assistant .... ROB MARTIN
Unit Publicist .... ROB HARRIS
Mr. Crowe's Dialogue Coach ... JUDI DICKERSON
Dialogue Coach .... SANDRA BUTTERWORTH
Fight Master .... NICHOLAS POWELL
Assistant Fight Master .... ANDREAS PETRIDES
Art Directors.... CLIFFORD ROBINSON (Vehicles)
                 FRANCO FUMIGALLI (Italy)
Assistant Art Director....... TIZIANO SANTI (Italy)
Location Manager........ SIMONA SERAFINI (Italy)
Production Illustrators .... SYLVAIN DESPRETZ
                        DENIS RICH
Construction Manager ...... MALCOLM ROBERTS
Pre-Viz Digital Designer.................. JON BUNKER
Standby Painter .... PERRY BELL
Lettering and Decor Artists............... JIM STANES
                        CLIVE INGLETON
                 MONIKA GOLDSCHMIDT
Sculptors.................................. JOHN ROBINSON
                        ROBERT WILLIAMS
                        RICHARD SMITH
                        JODY KING
                        EMMA JACKSON
Art Department
    Researcher .... BECKY LONGCRAINE
Standby Carpenter.......................... MARK BRADY
Standby Rigger .... RICHARD LAW
Standby Stagehand .... EDDIE O'NEILL
Transportation Coordinator .... GERRY GORE
Chief Animal Trainer.... PAUL "SLED" REYNOLDS
Animal Trainer................ THIERRY LE PORTIER
Horse Master .... STEVE DENT
Assistant Horse Master .... PETER WHITE
Assistants to Mr. Scott .... JULIE PAYNE
                        MILLY LEIGH
                        ANNE LAI
Scott Free Executive ...... STEVEN KENT FOSTER
Consultant to Ridley Scott ... NEVILLE SHULMAN
Assistants to Mr. Parkes .... JOY JOHNSON
                        CORY C. MYLER
Assistant to Ms. MacDonald .... LINDA KROLL
Assistants to Mr. Wick .... NANCY SAFRAN
                        DAVID A. SCHREIBER
Assistant to Mr. Lustig ... AMINTA TOWNSHEND
Assistant to Mr. Crowe .... ROBERT LONG
Assistant to Mr. Phoenix .... JEMMA KEARNEY
Mr. Crowe's Trainer .... RICK O'BRYAN
Set Production Assistant .... ANYA GRIPARI
                        PASCAL ROSSIGNOL
                        BENJAMIN HARRISON
                        MARK TAYLOR
Production Assistants .... DAVID OLIVER
                        CHRIS BURGESS
Projectionist .... LUCIEN NUNES-VAZ
Unit Nurse .... NICKY GREGORY
Post Production Executive .... MARTIN COHEN
Post Production
    Supervisor .... LISA DENNIS KENNEDY
Post Production
    Coordinator .... LISA MARIE SERRA
First Assistant Editors ...... CHISAKO YOKOYAMA
                        MICHAEL REYNOLDS
Assistant Editor .... FULVIO VALSANGIACOMO
Apprentice Editor .... STEVEN R. SACKS

Editorial Trainee .... BOB DRWILA
Visual Effects Editor .... WESLEY SEWELL
First Assistant Sound Editor ... KAREN M. BAKER
Supervising ADR Editor .... CHRIS JARGO
Supervising Foley Editor .... CRAIG JAEGER
Sound Effects Editors ... CHRISTOPHER ASSELLS
                DINO R. DiMURO, M.P.S.E.
                        JON TITLE
                        RANDY KELLEY
Background Editor .... DAN HEGEMAN
Foley Editors .... RICHARD DWAN
                        LOU KLEINMAN
Dialogue Editors .... LAUREN STEPHENS
                        DAVID A. COHEN
                        SIMON COKE
ADR Editor .... LAURA GRAHAM
Assistant Sound Editors ...... PHILIP D. MORRILL
                        LEE W. LeBAIGUE
Assistant ADR Editor .... MICHELLE PAZER
Apprentice Sound Editor .... SHELLEY J. SMITH
Additional Audio .... MARK ORMANDY
                        MARK STOECKINGER
                        SCOTT GERSHIN
Foley Artists .... DAN O'CONNELL
                        JOHN CUCCI
                        JAMES MORIANA
                        JEFFREY WILHOIT
Foley Mixers .... JAMES ASHWILL
                        NERSES GEZALYAN
Foley Recordists .... LINDA LEW
                        GREG ZIMMERMAN
Foley Recorded at .... ONE STEP UP
                        VINE STREET STUDIOS
ADR Mixers .... THOMAS J. O'CONNELL
                        DEAN DRABIN
                        GREG STEELE
Additional Re-Recording
    Mixer .... FRANK MONTANO
Re-Recording Engineer ..... GARY L. G. SIMPSON
Machine Room for
    the Final Dub .... ANDREA LAKIN-ELISYAN
                        ROBIN JOHNSTON
Voice Casting .... L.A. MADDOGS
Sound Editorial Services
    provided by .... SOUNDELUX
Re-Recorded at .... TODD-AO WEST
Score Vocals formed by .... LISA GERRARD
                     COURTESY OF 4AD LTD.
Music Supervisor .... ADAM MILO SMALLEY
Executive in Charge of Music .... TODD HOMME
Music Editor .... DASHIELL RAE
Orchestrated by .... BRUCE L. FOWLER
                     YVONNE S. MORIARTY
                     and LADD McINTOSH
Score Co-Produced and
    Additional Music by .... KLAUS BADELT
Conducted by .... GAVIN GREENAWAY
London Music Coordinator MAGGIE RODFORD,
                AIR EDEL & ASSOCIATES, LTD.
Music Recorded at .... AIR LYNDHURST
                     STUDIOS, LONDON
Music Recorded and Mixed by ... ALAN MEYERSON
Second Engineers .... NICK WOLLAGE
                        JAKE JACKSON
                        GREGG SILK
                        SLAMM ANDREWS

Second Engineers .... KEVIN GLOBERMAN
                      BRUNO ROUSSEL
Technical Score Advisors .... JUSTIN BURNETT
                    MARC STREITENFELD
Music Production Services ... MEDIA VENTURES
Orchestra Contracted by .... TONIA DAVALL
Copyist.................................... TONY STANTON
Assistants to
    Mr. Zimmer ..... MOANIKE'ALA NAKAMOTO
                  MICHAEL ALEXANDER
                  JIM DOOLEY
Title Design .... ROBERT DAWSON
Main Title .... DIGISCOPE
End Titles and Opticals .... PACIFIC TITLE
Negative Cutter .... KONA CUTTING
Color Timer .... DALE GRAHN
Technicolor London,
    Rushes Timer .... KEITH BRYANT

ZWEITE CREW

Production Supervisors .... BRIAN COOK
                 ZDRAVKO MADZAREVIC
Second Assistant Director ... ADRIAN TOYNTON
„A" Camera Operator .... CLIVE JACKSON
„A" Camera Focus Puller .... KEITH McNAMARA
„B" Camera Operator .... BRANKO KNEZ
„B" Camera Focus
    Puller .... ZORAN MIKINCIC BUDIN
Script Supervisor .... NADA PINTER
Video Operator .... JOHN BOWMAN
Grip .... MALCOLM HUSE

MALTA CREW

Production Manager .... DRAGAN JOSIPOVIC
Unit Manager .... BRANKO JEHLAR
Supervising Art Director .... JOHN KING
Art Director .... PETER RUSSELL
Assistant Art Director .... ADAM O'NEILL
Set Decorator .... SONJA KLAUS
D & E Camera Operators .... BEN GOODER
                 FELIX SCHROER
Camera Focus Pullers .... NICK PENN
                 TIM FLEMMING
Clapper Loaders .... JAMES NEEDHAM
                 HOLGER JOOS
Electricians .... GIANCARLO McDONNELL
                 ZELJKO VRSCAK
                 DEAN BRKIC
                 VLADO CEH
                 ISTVAN DENC
                 DAMIR RADINOVIC
                 SAMIR KADRIC
                 STJEPAN VRBANIC
Generator Operator .... ALAN COATES
Grips .... DRAGO LJUBIC
                 VLADO RUKAVINA
                 JOSIP MATAUSIC
                 DUBRAVKO TOPOL
                 NENAD SOKAC
Property Master .... BRUCE BIGG
Props .... JAMES PARKER
                 PETR RICHTER
                 IVO UJEVIC
                 DOUG PURDY
Property Buyer .... LAWRENCE CAUCHI
Special Effects Supervisor .... TREVOR WOOD

Special Effects .... DAVE BRIGHTON
                 PETER WHITE
                 MIKE DURKAN
                 JOHN HERZBERGER
                 PETER FERN
                 STEVEN FOSTER
                 RAYMOND FERGUSON
                 CHRIS BENNAN
Special Effects Buyer .... CLIFF CORBOULD
Costumers .... MICHAEL MOONEY
                 YVONNE ZARB COUSIN
                 BRIDGET KENNINGHAM
                 MARIA HUBACKOVA
                 NADJA ALBERT
                 MARTA JENCOVA
                 HANA KUCEROVA
                 JANA JANKOVA
                 STANA SLOSSEROVA
Makeup Artists .... IVANA PRIMORAC
                 JULIA WILSON
                 ANA BULAJIK-CRECEK
Hair Stylists .... EVA WYEPLELOVA
                 IVANA NEMCVOVA
                 MARCELLE GENOVESE
Production Coordinator .... SANDRA ODELGA
Assistant Production
    Coordinator .... SNJEZANA TEPSIC
Maltese Consultant .... ALBERT GALEA
Maltese Coordinator .... MAVIS FORMOSA
Production Assistants .... ANDREW DEBONO
                 BRANO KOLLAR
                 DAVID BYRNE
Location Managers .... MIKE HIGGINS
                 PHILIP KOHLER
Construction Accountant MATTHEW O'TOOLE
Accountant .... CHRISTOPHER CONKLING
Assistant Accountant .... MICHAEL BEAUDIN
Payroll Accountant .... MARK BONICI
Accounting Assistant .... JENNIFER STIVALA
Draughtspersons .... HELEN XENOPOULOUS
                 TOAD TOZER
                 ANTHONY CARON-DELION
Art Department Production
    Assistants .... JODY KING
                 MICHELLE BORG
Assistant Construction
    Manager .... STEVEN FITZWATER
H.O.D. Painter .... BRIAN REILLY
H.O.D. Metal Worker ...... MICHAEL HOWLETT
H.O.D. Plasterer .... ROBERT VOYSEY
H.O.D. Carpenter ... GRAHAM BRUCE WEAMES
H.O.D. Rigger .... STEVE SANSOM
H.O.D. Stagehand .... KEITH SMITH
Transportation Manager ... DUBRAVKO PETROVIC
Assistant Transportation
    Manager .... ZDENKO SERTIC
Catering Supervisor .... ROBIN DEMETRIOU
Catering Provided by FIRST UNIT, CATERERS LTD.
Chariots & Horses
    Provided by ...... CAROZZE D'EPOCA, ROME
Tiger Trainers .... RANDY MILLER
                 CARMEL FLORES
Animal Handlers .... MONIQUE ANGEON
                 PIETRO ROSELLA
                 PASQUAL MARTINO
                 KAREN LE PORTIER

Production Services .... C&L LTD.
Velarium Shadow Design
    Engineers .... PETER HEPPEL and
        PAUL ROMAINE of BURO HAPPOLD

U.K. CREW

Supervising Art Director .... DAVID ALLDAY
Art Director .... KEITH PAIN
Set Decorator .... JILLE AZIS
Camera Focus Puller .... ASHLEY BOND
Camera Clapper Loader .... DEREK WALKER
Sound Cablemen .... RICHARD DANIELS
                 BENJAMIN BOBER
Generator Operator .... MARK HUTTON
Electrical Rigger .... NOBBY CLARKE
Props .... ANTHONY RYCYK
                 PAUL TURLEY
                 JOHN RUSSO
Assistant Construction Manager .... IAN GREEN
H.O.D. Props Painter .... MALCOLM KEANE
Supervising Armourer .... JOHN NIXON
Special Effects Supervisor .... DAVID HUNTER
Special Effects .... MIKE DUNLEAVY
                 STUART DIGBY
                 KENNETH HERD
                 IAN THOMPSON
                 PAUL DUNN
                 TIM STRACEY
                 DAVE MILLER
                 GRAHAM POVEY
                 COLIN UMPLEBY
                 ALAN YOUNG
                 PAUL TAYLOR
                 JOHN PILGRIM
Costumers .... BRIAN LAWLER
                 MIKE SKORZEPPA
                 STEVE KIRBY
Accounting Assistants .... TABITHA BURRILL
                 JEAN SIMMONS
                 JULIAN MURRAY
Location Manager .... TERRY BLYTHER
Assistant Location Managers ..... MARK SOMNER
                 NICHOLAS WALDRON
Second Second
    Assistant Director .... ROBERT WRIGHT
Third Assistant Director .... GARY TALBOT
Scenic Artists .... ROBERT WALKER
                 CYNTHIA SADLER
                 BRIAN BISHOP
                 DOUGLAS BISHOP
Draughtspersons .... NICK PALMER
       JULIE PHILPOTT (Set Dressing)
    SHARON CARTWRIGHT (Set Dressing)
Set Decorating
    Assistants .... KATY HENDERSON
                 NICOLA DE FRESNES
Set Dressing Buyer .... GINA CROMWELL
Art Department Production
    Assistants .... CLAIRE RICHARDS
                 HARRY PAIN
Drapery .... EDDIE REES
                 CHRIS WEST
                 COLIN PEARCE
Greensman .... ROGER HOLDEN
Catering Manager .... DAVID REYNOLDS
Catering Provided by .... SET MEALS LTD.

Rome Technical Advisor .... JOHN EAGLE
Stand-Ins .... AIDAN HARRINGTON
COLLETTE APPLEBY
PATRICK FLANAGAN
MARK FISHER
JIM DURBAN
NICKY WHITE
Assistant Editors .... CHRIS WOMACK
PAUL ELMAN
AVID Ássistant .... VALERIO BONELLI
Apprentice Editor .... ANDREW HAIGH
Editorial Trainee .... KAREN HURLEY

MAROKKO CREW

Production Managers .... PETER HESLOP
ZAK ALAOUI
First Assistant Director .... AHMED HATIMI
Supervising Art
Director .... BENJAMIN FERNANDEZ
Assistant Art Directors .... JOSE LUIS DEL BARCO
CARLOS BODELON
Set Decorator .... ELLI GRIFF
Assistant Set
Decorator .... JEAN-CHARLES VENET
„A" Camera Focus Puller ... EAMONN O'KEEFFE
Camera Assistants .... BRAHIM AIT BELKAS
DRISS AYAD
Video Assist .... EL MOKHTAR ABOUKAL
Electricians .... ABDELLATIF EL ANSARY
ISMAIL EL MOULLOUA
ABDELKADER BENOUNA
HICHAM BOUCHTA
TAHAR AJOUALIL
MOHAMMED RAMI
Grips .... ABDENAZIZ BIZZI
MUSTAPHA EL IDRISSI
Crane Operator .... PAUL LEGALL
Property Master .... PHILIP McDONALD
Props .... LAHOUCINE JAOUD
MOHAMMED ZRAR
Property Buyer .... ABDELKRIM RAISS
Drapery .... CAROLINE SINA
ABDERARRAHIM EL HAJLI
Special Effects Supervisor .... TERRY GLASS
Special Effects .... MARK MEDDINGS
JEFF CLIFFORD
PETER SKEHAN
ABDELLAH JOUDI
HANIN OUIDDER
MOHAMMED AQERMIM
EL HASSAN TIB
Wardrobe Supervisors .... SARAH TOUAIBI
ABDELKRIM AKKELLACH
Costumers .... SAID GHAINE
HASSAN TAGHRITI
MOHAMMED FALAHI
MOHAMMED HARSHI
ABDELFATAH QZAIBAR
AIT HAMID ABDELLAM
MOHAMMED RAJ
Makeup Assistants .... KHALID ALAMI
LATIFA SOUIHI MAADANI
HAYAT OULED DAHHOU
Hair Stylist .... SAID AHMED EL GROUNE
Hair Assistants .... BRAHIM NAAIM
AICHA EL MEZIANE

Production Coordinators .... WINNIE WISHART
KHADIJA KOULLA
Production Secretary .... JINANE BEN ZAIDA
Accountant .... KEVIN GREENE
Assistant Accountant .... MYRIAM TAYEBI
Accounting Assistant ABDESSALAM AIT ABDELAH
Location Managers .... JEREMY JOHNS
ALI BAKKIOUI EL OTMANI
MOHAMMED BENHMAMANE
Second Assistant
Directors .... ZINEDINE IBNOU JABAL
ALI CHERKAOUI
MOHAMED NASRATE
Casting
Draughtsperson....ALEJANDRO FERNANDEZ
BERNALDO DE QUIROS
Art Department Production
Assistant .... SAMIRI MENOUER
Transportation Manager .... HAMID ARAISSI
Assistant Transportation
Manager .... NAJMA EL MAHJOUB
Animal Trainers .... FESS REYNOLDS
DEANN ZARKOWSKI
KATHY PIRELLI
Production Assistants .... TARIQ AIT BEN ALI
INSA FE
KHALID BANOUJAAFAR
MUSTAPHA ADIDOU
ABDERHMANE
ID-IDDER
Production Services, Morocco .... DAWLIZ S.A.

MILL FILM, LTD.

Visual Effects Supervisors .... TIM BURKE
ROB HARVEY
Visual Effects Producer .... NIKKI PENNY
Executive Producer .... ROBIN SHENFIELD
Production Executive .... NANCY ST. JOHN
CG Supervisor .... LAURENT HUGUENIOT
Visual Effects Coordinators ...... EMMA NORTON
LOREA HOYE
Production Coordinator, U.S.A. ... DIANA STULIC
Mill Film FX Editor .... SCOTT ANDERSON
Chief of Technology .... BILL SCHULTZ
Compositors .... HANI ALYOUSIF
IAN PLUMB
SIMON STANLEY-CLAMP
KLAUDIJA CERMAK
MIKE CONNOLLY
JOHN HARDWICK
MICHAEL ILLINGWORTH
RICHARD ROBERTS
LOUISE LATTIMORE
STEVE MURGATROYD
Digital Matte Painters .... DAVE EARLY
MICHELE MOEN
SIMON WICKER
Digital Preparation .... HUONG DAM
SANDRA ROACH
Lead CG Artists .... ROB ALLMAN
ANDY KIND
IVOR MIDDLETON
BEN MORRIS
TIM ZACCHEO
CG Artists .... PHIL BORG
NICOLA BRODIE

CG Artists .... KEVIN MODESTE
CRAIG PENN
CHRIS SHAW
GABRIEL WHITE
Additional CG .... GRAHAME ANDREW
ALISON LEAF
Software Development Lead .... DAVE LOMAX
Additional Software
Development .... KEVIN CAMPBELL
JOHN STRAUSS
Systems Support .... JOHNATHAN BRAZIER
JOHN FRITH
DR. DAVID GREGORY
I/O Supervisor .... TIM CAPLAN
Colour Timer .... COLIN COULL
TA Managers .... MARILYN ANDERSON
STEPHEN ELSON
Filmout Operators .... STEVE BARNES
LEIGH RABY
Technical Assistants .... ALI BERNARD
WILL BROADBENT
JOYCE LAURENT
STEVE PARSONS
CHARLEY HENLEY
Editorial Assistant .... NICHOLAS ATKINSON
Additional VFX Editing .... JIMMY WEEDON
Visual Effects Camera Operator ... STEVEN HALL
Visual Effects Camera
Assistant .... DAVID MATCHES
Grip Operator .... JIM CROWTHER
Digital Mix & Overlay .... CASPAR GORDON
Studio Effects Shoot
Cameraman .... MALCOLM WOOLDRIDGE
Studio Effects Shoot Assistant...DIGNA NIGOUMI
Gaffer .... STEVE DAVIS
Rigger .... PAT KILLEEN
Motion Capture Studio .... AUDIOMOTION
Visual Effects Assistant
Coordinator .... PAUL EDWARDS
Production Assistant .... DOM SIDOLI
Production Runner .... AARON PAUL
Production Accountant .... NEIL HUGHES
Accounts Assistant,
Mill Film, L.A............................ LAYA ARMIAN

Die Produzenten danken folgenden Personen und
Institutionen für ihre Mithilfe:

Forstverwaltung von Südost England
Den Einwohnern von Farnham, Surrey, England
Der Regierung und den Menschen von Marokko
Der Regierung und den Menschen von Malta
Mestiere Cinema, Venedig
Professor Kathleen Coleman von der Harvard
Universität

Gedreht in England,
Marokko, Malta und Italien

„Pavor" & „Etruria" geschrieben von Walter
Maioli & Natalia Van Ravenstein. Aufgeführt von
Synaulia. Freundlicherweise zur Verfügung
gestellt von Amiata Media Srl.

ANMERKUNGEN

Der amerikanische Verlag bedankt sich für die freundliche Genehmigung für den Abdruck des Bildmaterials aus den unten aufgeführten Quellen. Es wurde versucht, jedes Urheberrecht zu berücksichtigen. Eventuelle Fehler oder Unterlassungen sind unbeabsichtigt und werden bei Mitteilung an Newmarket Press oder den deutschen Verleger Burgschmiet Verlag in zukünftigen Auflagen korrigiert.

Teile des Textes wurden Artikeln von Joe Fordham entnommen, die in *VFXpro* erschienen sind, einer Online-Publikation von Creative Planet Inc. Die vollständigen Artikel sind unter www.VFXPro.com unter dem Stichwort „Gladiator" zu finden.

S. 18: Standfoto aus der Produktion des Films *Spartacus,* produziert von Universal Studios. S. 19: Werbeplakat für *Ben Hur,* produziert von Metro Goldwyn-Mayer (MGM) Studios, mit freundlicher Genehmigung von Warner Bros. Standfoto aus dem Film *Quo Vadis?,* produziert von Metro Goldwyn-Mayer (MGM) Studios, mit freundlicher Genehmigung von Warner Bros. S.20: Standfoto aus dem TV-Film *Die letzten Tage von Pompeji,* mit freundlicher Genehmigung von Columbia Pictures Television. Standfoto aus der Produktion des Films *Ben Hur,* produziert von Metro Goldwyn-Mayer (MGM) Studios, mit freundlicher Genehmigung von Warner Bros. S. 21: Standfoto aus dem Film *Cleopatra,* produziert von 20th Century Fox. S. 24 – 25: Jean-Léon Gérôme, *Pollice Verso („Daumen nach unten").* Phoenix Art Museum. S. 42: Büste des Imperators Commodus, Foto von Scala / Art Resource, New York. S. 64: Lawrence Alma-Tadema, *Frühling.* The J. Paul Getty Museum, Los Angeles. S. 90: Jean-Léon Gérôme, *Cäsars Tod.* The Walters Art Gallery, Baltimore.

Newmarket Press bedankt sich für ihren Beitrag zu diesem Buch bei: Corinne Antoniades, Melissa Baldwin, Susan Bennett, Sharon Black, Alison Clarke, Kristy Cox, Paul Elliott, Anne Globe, Paul Lister, Laurie MacDonald, Vivan Mayer, Andrea McCall, Cory Mylar, Boyd Peterson, Jennifer Porter, Jennifer Rubin und Dorit Saines von DreamWorks.

Besonderer Dank für ihr Engagement und die Informationen über die Herstellung des Films gehen an den Produktionsdesigner Arthur Max, den Verantwortlichen für die visuellen Effekte John Nelson und an den Produktionszeichner Sylvain Despretz.

Beth Vitallo von Scott Free Productions.

Joe Fordham, Suzanne Lezotte, Amy Barraclough und Morgan Newman von Creative Planet Inc.

Keith Hollaman, Frank DeMaio, Ann Lee und Kelli Taylor von Newmarket Press; Timothy Shaner von Night & Day Design; Diana Landau von Parlandau Communications – Words by Design.

Der amerikanische Verlag ist dem Regisseur Ridley Scott, dem ausführenden Produzenten Walter Parkes und dem Drehbuchautor David Franzoni für deren großzügigen Beitrag zu diesem Buch zu herzlichem Dank verpflichtet.